하나님의 형상으로 지음받은 나

거절감치료

심수명 지음

DSU 도서출판다세움

목 차

시작하는 글 · 3

교재의 구성 내용 · 6
소그룹 인도자를 위하여 · 8
모임을 위한 약속 · 10

1강 | 하나님의 형상으로 지음 받은 나 · 11
2강 | 거절감 상처 극복하기 · 25
3강 | 성경적 사고 훈련하기 · 43
4강 | 그리스도인의 정체성 확립하기 · 61

마치는 글 · 76

시작하는 글

'아름다운 세상을 위하여'라는 영화가 있습니다. 주인공인 사회 선생님은 얼굴과 전신에 화상을 입어 약간은 두려움을 주며 고집스러워 보이는 일면도 있지만 원칙을 중시하는 교사입니다. 이 선생님은 학교에 부임하자마자 '세상을 아름답게 만들 방법'을 찾아보도록 숙제를 내줍니다. 그러자 트레버라는 학생은 '세 명 돕기 운동'을 생각해냅니다. 자기가 도운 세 명이 또 세 명을 돕고, 그들이 또 세 명을 돕고…, 이렇게 되면 이 세상은 기하급수적으로 도움을 받은 사람과 도움을 주는 사람들로 가득 차서 세상이 아름답게 될 것이라고 믿었습니다. 그러나 트레버가 도와준 사람들은 중간에 다시 본래의 생활(부랑아나 술주정꾼)로 돌아갔고, 트레버는 좌절하게 됩니다. 하지만 그는 다시 용기를 내어 친구를 돕다가 그만 숨지고 맙니다.

이 영화는 세상을 아름답게 만들 수 있는 것은 결국 한 사람으로부터 시작될 수 있으며, 그 믿음과 소망을 놓지 않으면 마침내 세상은 밝아질 수 있음을 말하고 싶어 합니다. 그러나 트레버가 좌절한 것처럼, 실제로 인간은 자신의 습관이나 상처와 약함을 쉽게 극복할 수 없습니다. 그럼에도 불구하고 인간의 변화에 대해 여전히 소망을 품는 것은 영원한 사랑으로 변함없이 우리를 사랑하시는 하나님 때문입니다. 그래서 진정한 소망은 내 안으로부터가 아닌 하나님으로부터 나오는 사랑과 은총입니다.

이 세상에서 가장 아름다운 존재는 사람입니다. 사람만큼 오묘하고 신비로우며 사랑스러운 존재가 또 어디에 있겠습니까? 인간 그 존재의 신비는 말로 다 표현할 수 없을 만큼 귀합니다. 하나님께서는 아담과 이브에게 필요한 모든 것, 예를 들면 영적 생명력, 사랑, 통합능력, 내적인 강인함, 거룩함과 선함, 지도력과 겸손함, 현명함과 심오한 지혜, 이런 것들을 풍성하게 주셨습니다.

그러나 타락과 범죄로 인해 이런 모든 것을 상실하게 되었으며, 하나님께서 인간에게 주신 모든 선물을 마음껏 누리며 살지 못하게 되었습니다. 이로 인하여 인간의 마음에 남게 된 상처에는 세 가지가 있습니다. 그 첫 번째는 원죄로 하나님 품을 떠나는 순간 우리의 마음이 깨어짐으로 인해 받은 원초적 상처입니다. 인간은 죄로 인해 이 세상에 태어나는 그 순간부터 상처를 받는 존재들입니다. 하나님이 우리를 버리신 것이 아니라, 우리가 죄를 지어 거룩하신 하나님과 함께 있을 수 없는 존재가 되어 버린 것입니다.

두 번째 상처는 부모, 가족, 친구, 그리고 다양한 인간관계를 통해 입게 되는 크고 작은 상처입니다. 마지막으로 개인이 범한 죄의 결과로 입게 되는 마음의 상처가 있습니다. 이 상처의 결과 크게는 살인, 강도, 강간에서부터 경쟁심, 질투심, 탐욕과 미움, 연민, 자학 등의 정서적, 심리적 쓴 뿌리가 있습니다. 결국 죄와 상처로 인해 자신에 대해서는 죄의식을, 타인에 대해서는 불신의 마음을, 하나님에 대해서는 그분의 선하심과 은총까지 믿지 못하게 됩니다.

이러한 인간에게 사탄은 돈, 명예, 지식, 권력, 지위 등으로 사람의 이목을 집중시키는 교란책을 씁니다. 그리고 유머나 어리석은 농담, 부정적 관심 끌기, 거만한 태도, 비판의 말, 조종하는 눈물, 눈치 보기, 위장된 회개와 겸손, 관계 속에서 침묵하기, 자기만의 벽 쌓기, TV 보기 등의 피상적인 접근으로 고통을 지속시켜 나가도록 합니다. 심지어는 과식, 사치, 술, 도박, 일 중독 등 각종 중독에 빠짐으로 문제를 회피하도록 하는 술수를 제공하고 있습니다.

이것이 바로 인간의 현주소입니다. 이 얼마나 절망적인 현실입니까? 그러나 여전히 희망은 있습니다. 하나님의 구속의 은혜가 우리에게 임하였으며, 성령님께서 우리 안에 내주하셔서 우리를 올바른 길로 인도하고 계시기 때문입니다. 또한 아픈 상처는 낫고 싶어하는 특성이 있으므로 그것이 어떠하든 간에, 자신의 상처를 피하지 않고 정면으로 맞서서 극복하며 살아가겠다는 의지로 주님을 바라보면 상처는 더 이상 우리에게 좌절이 되지 않습니다. 인간은 하나님 안에 있을 때 소망이 있습니다.

저는 이 교재를 가지고 공부하는 중에 성령님이 임재하시기를 기도합니다.
"주여, 이 교재로 공부하는 영혼들이 거절감을 극복하고 아름다운 하나님의 형상으로 회복되어 진정한 하나님의 자녀로서 가장 행복한 삶을 살게 하시고, 저들의 삶에서 능력을 나타내는 주의 자녀 되게 하소서."

주님의 임하심을 간절히 사모하는 예수님의 사람
심 수 명

교재의 구성 내용

이 교재의 목적은 그리스도인이 하나님의 아름다운 형상으로 지음 받았다는 정체성을 확립하도록 하는 것입니다. 주제는 하나님의 선하신 뜻을 위하여 지음 받은 자신을 발견하도록 하는 것입니다. 위와 같은 목적과 주제를 세우기 위해 다음과 같은 내용으로 구성하였습니다.

1강에서는 하나님의 걸작 중의 걸작인 자신을 성경적 입장에서 바라보고 이해하려는 목표에 따라, 우리의 모습을 성경적 입장으로 재조명해 보고자 합니다. 이를 위해 창조(하나님의 걸작으로 창조됨), 타락(죄로 인해 창조 시의 모습 상실), 성화(끊임없이 훈련하기), 그리고 소망(하나님을 바라보며 나아가기)의 관점으로 내용을 구성하였습니다.

2강에서는 우리 자신이 하나님이 지으신 독특하고 아름다운 존재로 살아갈 때 장애물이 되는 거절감이 무엇인지 살펴보고, 실제 삶에서 거절 받은 경험을 찾아 치료해 보도록 하였습니다. 이를 위해 거절감의 정의, 증상, 거절감으로 인한 성격 유형, 거절감의 원인을 살펴보고, 자신의 삶을 뒤돌아보며 거절받은 상처를 기억하여 나누도록 하였습니다.

3강에서는 자신에게 있는 비합리적 사고를 발견하여 합리적 사고와 성경적 사고로 바꾸는 연습을 통하여 하나님의 사람으로 살아갈 수 있는 자질과 능력을 키우도록 하였습니다. 이를 위해 감정과 사고의 관계를 살펴보고, 자신의 비합리적 사고를 찾아보며 비합리적 사고를 합리적 사고로, 더 나아가 성경적 사고로 전환해보는 연습을 하도록 내용을 구성하였습니다.

마지막으로 4강에서는 그리스도인의 정체성을 확립하도록 하였습니다. 이를 위해 첫째, 하나님이 지으신 독특한 자신으로 살아갈 수 있도록 하고 둘째, 자신의 자원을 발견하고 셋째, 자신의 사명과 가치를 발견하며 넷째, 주님을 의지함으로 좌절을 극복하도록 하였습니다.

　그래서 4강을 다 마친 후에는 하나님의 아름다운 형상으로 지음 받은 나 자신을 느끼고 확신하게 함으로써 그리스도인의 정체성을 확립하고, 하나님이 주신 궁극적인 소명을 따라 살아갈 수 있도록 하였습니다.

소그룹 인도자를 위하여

1. 모임을 시작하면서 현재의 심정을 나눕니다. 모임을 하기 전에 자신의 마음을 개방하는 이유는 부정적이거나 힘든 마음을 가지고 있을 때 말씀을 올바로 깨닫고 적용할 여유가 없기 때문입니다. 따라서 매 강 처음 시작할 때 마음을 열어 감정을 나누면서 자연스럽게 훈련받을 수 있는 준비를 합니다. 이 시간은 총 10분을 넘지 않아야 합니다.

2. 교재에 제시된 질문에 따라 매 순간 자신을 돌아볼 수 있도록 멤버를 이끌어야 합니다. 처음에는 자신의 이야기를 한다는 것이 귀찮고 싫을 것입니다. 그러나 서로의 삶을 진솔하게 나누는 분위기를 조성하면 자발적인 나눔이 일어나게 됩니다.

3. 멤버가 진솔한 자기개방을 할 때 인도자는 경청과 공감으로 만나주어야 합니다. 이를 위해 인도자는 하나님께 의탁하는 기도와 진솔한 자기개방, 인격적인 태도가 몸에 배어 있어야 합니다. 인도자는 자기 생각을 주입하려 하거나 많은 말을 하지 않습니다. 멤버들이 자기 생각과 감정을 스스로 정리할 수 있도록 기회를 제공합니다.

4. 인도자는 메시지의 핵심과 방향에 대해 분명한 안내를 해야 합니다. 이를 위해 교재를 최소한 3번 이상 읽고 자신에게 먼저 적용하여 성실하게 답을 작성해 보십시오. 교재의 내용을 충분히 숙지해야만 모임을 목적에 따라 이끌 수 있습니다.

5. 모임의 시간을 잘 조절하십시오. 삶을 나누다 보면 자꾸 자기 이야기를 하고 싶어집니다. 그러나 한 사람이 이야기를 독점하면 모임의 역동이 깨지고 멤버들이 지루해할 수 있으므로 자신의 이야기를 길게 하는 멤버가 있다면 인격적이면서도 부드러운 태도로 자제해줄 것을 권면합니다.

6. 소그룹의 가장 확실한 인도자는 성령님이십니다. 매시간 성령님께 의탁하는 마음으로 기도하면서 모임을 인도하는 것이 가장 효과적임을 잊지 마십시오. 모임 전에, 모임이 진행되고 있는 중에라도 멤버와 자신을 위해 기도하십시오.

7. 인도자는 멤버가 모임 중에 이야기한 것에 대해서는 끝까지 비밀을 유지해야 하며, 멤버들에게도 비밀을 지켜달라고 당부해야 합니다. 아무리 좋은 목적이라 하더라도 모임 중에 이야기한 것은 공개하지 않는 것이 원칙입니다. 만약 공개해야 할 경우에는 사전에 멤버의 동의를 구해야 하며 공개된 이후에 심적으로 불편할 수도 있음을 알려주어야 합니다.

8. 인도자가 자신의 호기심으로 궁금해하는 태도는 지양해야 합니다. 그리고 멤버가 이야기하고 싶지 않을 때는 언제든지 말하지 않아도 될 권리가 있음을 알려주어야 합니다. 인도자의 최대 의무 가운데 하나는 멤버를 보호하는 것이며, 멤버가 인도자의 이런 마음을 통해 안전감을 느낄 때 그 모임은 계속 성장할 수 있습니다.

9. 일반적으로 모임의 인도자들은 다른 사람의 문제를 대신 짊어지거나 감정적으로 깊이 관여하고픈 유혹을 자주 느낍니다. 특히 동정심이 많고 타인의 문제에 민감한 사람은 모임 중에 객관성을 상실할 수 있습니다. 도움을 주려는 마음은 숭고한 것이지만 지나친 관여는 멤버에게 도움이 되지 않고 인도자의 탈진을 가져올 수 있습니다. 그러므로 인도자는 자신이 도와주어야 할 영역이 어디까지인지 분명한 한계를 설정하고, 그 한계 내에서 도움을 주어야 지치지 않고 오래도록 도와줄 수 있습니다.

10. 모임을 인도하다 보면 어떤 문제들은 인도자가 감당하기에는 너무 벅차거나 시간이 많이 필요한 때도 있습니다. 깊이 뿌리박힌 정서적 문제나 자살 성향, 또는 파괴적인 충동을 지닌 사람은 전문가(자신의 인도자나 상담자)에게 위탁함으로 적절하게 도움을 구하는 것이 지혜로운 처사임을 명심하십시오.

 **모임을 위한 약속**

모임을 시작하기 전에 다음의 약속을 지키기로 다짐을 합니다.

1. 모임에 가능한 적극적으로 임하겠습니다. 그리고 자발적으로 모임에 참여하겠습니다.
2. 멤버에 대하여 비난이나 비판의 마음을 가지지 않도록 노력하겠습니다. 그리고 실수나 잘못에 대해 용납하고 용서하겠습니다.
3. 가능하면 솔직하게 이야기하겠으며, 혹 말하고 싶지 않을 때 다시 용기를 내어 보겠습니다. 그리고 왜 말을 하고 싶지 않은지 생각해보겠습니다.
4. 다른 사람이 이야기할 때 그를 바라보고 그에게 집중하며 마음과 정성을 다해 귀 기울여 듣겠습니다.
5. 멤버들을 격려하고 칭찬하겠습니다. 또한 멤버들의 장점을 찾아서 지지해주겠습니다.
6. 모임 시간 동안에 들은 이야기를 밖에서 절대로 말하지 않겠습니다. 왜냐하면 이 시간 동안에 이야기된 모든 내용은 비밀이 보장되어야 하기 때문입니다.
7. 모임에 지각하거나 결석, 자리 이동 등 모임의 분위기를 방해하는 행동을 하지 않겠습니다.
8. 무엇보다 다른 사람을 존중하겠습니다.
9. 어떤 일이 있어도 핸드폰을 꼭 끄고 모임에 임하겠습니다.

날짜 _____   이름 _____

1강 | 하나님의 형상으로 지음 받은 나

하나님의 걸작 중의 걸작인 나를
성경적 입장에서 바라보고 이해하도록 한다.

1강 | 하나님의 형상으로 지음 받은 나

목표: 하나님의 걸작 중의 걸작인 나를 성경적 입장에서 바라보고 이해하도록 한다.

1. 창조: 하나님의 걸작

하나님이 창조한 태초의 세계는 하나님과 사람, 그리고 자연의 모든 것이 균형과 조화를 이루었습니다. 하나님께서는 모든 것들을 그 목적에 따라 다르게 만드셨으며, 그중에서도 가장 아름다운 걸작이 바로 우리 자신입니다. 그래서 우리를 향해 지금도 외치십니다.

"보시기에 심히 좋았더라!"

하나님께서 천지 만물을 창조하실 때 유독 인간만 당신의 형상대로 창조하셨습니다. 인간이 하나님의 형상이라는 말은 신적 존엄을 가졌음을 의미합니다. 그리고 그 존엄을 나타내도록 하나님은 지성적인 면(골 3:10)[1]과 의로움과 거룩함이라는 도덕적 능력(엡 4:24)[2], 만물을 지배하는 힘(창 1:28)[3] 등을 허락하셨습니다. 그

---

[1] "새 사람을 입었으니 이는 자기를 창조하신 이의 형상을 따라 지식에까지 새롭게 하심을 입은 자니라"
[2] "하나님을 따라 의와 진리의 거룩함으로 지으심을 받은 새 사람을 입으라"
[3] "하나님이 그들에게 복을 주시며 하나님이 그들에게 이르시되 생육하고 번성하여 땅에 충만하라, 땅을 정복하라, 바다의 물고기와 하늘의 새와 땅에 움직이는 모든 생물을 다스리라 하시니라"

러므로 인간의 존엄성과 생명은 이 세상과 오는 세상에서 유일무이한 독특한 존재로 창조된 자신의 가치 능력을 실현하고자 하는 욕구를 포함하고 있습니다. 이러한 인간의 존엄성은 하나님의 신성에서 반영된 모습입니다. 그래서 인간은 하나님 안에서만 존엄할 수 있으며, 모든 움직임 하나하나가 그에게 속해 있고, 하나님의 뜻이 아니면 우리는 손가락 하나도 움직일 수 없는 것입니다. 이러한 하나님에 대한 의존적 특성이 인간의 한계이면서 동시에 축복이며 은총입니다. 그래서 인간은 본성적으로 종교적 심성을 가지고 있으며 하나님을 갈망할 수밖에 없습니다.

이렇게 인간이 하나님의 형상인 것은 다른 동물들과 다른 실로 엄청난 차이입니다.4) 인간은 하나님의 손으로 위대하게 창조된 걸작입니다. 이 사실을 받아들일 때 나를 향한 하나님의 기대가 무엇인지 알고 싶어지며, 겸손히 무릎 꿇어 자신의 인생을 주님께 헌신하며 살아가고 싶은 열망이 일어납니다.

 내가 하나님의 걸작이라는 말이 가슴으로 믿어지십니까? 그 이유를 나누어 봅시다.

---

4) 인간이 동물과 다른 것은 자신의 경험을 통해 '나'라는 정체성을 형성해 나간다는 것입니다. 즉 내가 누구인가 찾아가는 것입니다. 그것은 자신의 잠재력 실현 경향과 자기실현 경향입니다. 그뿐만 아니라 자기 삶의 행위를 통해서 하나님을 드러내는 자기 초월입니다.

에베소서 2장 10절 말씀을 표준 새 번역에서는 "우리는 하나님의 작품입니다. 선한 일을 하게 하시려고, 하나님께서 그리스도 예수 안에서 우리를 만드셨습니다."라고 씌어 있습니다. 당신의 경우, '하나님의 선한 일을 위하여 지음 받았다'라는 말씀이 믿어지며 자신의 미래에 대해 소망을 가질 수 있는지요? 자기 생각이나 느낌을 나누어 봅시다.

2. 타락: 창조 시의 모습 상실

처음의 인간은 하나님이 보시기에 좋은 모습이었지만 아담이 타락한 후 원죄를 가지게 되었습니다. 이제 사람의 후손은 타락과 범죄로 삶의 아름다움과 균형이 상실되면서 욕구불만이 쌓여 고통만 늘어가게 되었습니다. 그래서 사도바울은 절규합니다.

"내가 원하는 바 선은 행하지 아니하고 도리어 원하지 아니하는 바 악을 행하는 도다"(롬 7:19)

죄로 가득한 우리의 성향은 악한 생각을 가지고 하나님을 불신합니다. 하나님께서 진정으로 나의 행복과 형통을 원하시는지 의심하는 눈으로 하나님을 바라봅니다. 즉 내 마음에 가득한 죄 때문에 죄의 지배를 받는 죄의 종이 되었기에(요 8:34)[5] 하나님을 신뢰할 수 없는 것입니다.

---

[5] "예수께서 대답하시되 진실로 진실로 너희에게 이르노니 죄를 범하는 자마다 죄의 종이라"

범죄하기 전의 아담은 아무런 거리낌 없이 하나님과의 교제를 즐겼습니다. 그러나 죄는 끔찍한 결과들을 가져왔습니다. 타락한 아담은 하나님의 심판과 처벌에 대한 두려움 때문에 나름대로 방어를 형성합니다. 그러나 한편으로는 이 방어를 벗고 진실한 만남을 하고 싶은 열망도 가집니다. 그래서 자신을 열어 보이기도 하지만 인간의 죄성으로 관계는 파괴되어 오히려 심각한 상처를 주고받습니다.

그러면 어떻게 하나님의 형상을 회복할 수 있을까요? 이 일을 위해서는 다음의 세 가지 일을 해낼 용기가 필요합니다. 첫째, 자신이 원하지 않음에도 사랑하는 사람들에게 해를 끼치는 악한 모습을 반복적으로 범할 가능성이 있는 존재임을 스스로가 인정해야 합니다. 형제가 나로부터 상처를 받을 수 있음을 겸손히 수용하며 용서를 구하게 됩니다.

둘째, 다른 사람들이 자신에게 끼친 해를 직시하며 그들로부터 받은 실망과 상처를 정직하게 바라보는 일이 필요합니다. 그리고 거절의 두려움을 극복하고 그들을 용서하는 따뜻한 마음을 베풀고자 주도적으로 관계를 풀어가는 용기가 필요합니다.

셋째, 하나님을 선하신 분으로 믿고 싶어도 온전히 신뢰하지 못한다는 사실을 정직하게 인정하고 겸손히 회개하는 것이 필요합니다. 하나님에 대한 불신 때문에 때로는 하나님께 화가 나고, 하나님이 하시는 일이 무언가 분명히 옳지 않다고 느끼고 있는 나를 인식하고 잘못된 내 생각과 감정을 성경적으로 바꾸도록 해야 합니다. 그리고 하나님을 전적으로 의존하며 성령의 지배를 받고 변화의 삶을 살도록 노력해야 합니다.

 당신의 모습을 살펴볼 때 죄인임이 인정되십니까? 어떤 점에서 그렇게 느끼는지 나누어 봅시다.

하나님의 형상을 회복하기 위한 세 가지 일이 무엇인지 당신의 말로 정리해 보십시오. 그리고 당신에게 부족한 것이 있다면 무엇인지 고백해 보십시오.

"자기의 마음을 제어하지 아니하는 자는 성읍이 무너지고 성벽이 없는 것과 같으니라"(잠 25:28)는 말씀에 비추어 볼 때 마음을 다스리는 일이 얼마나 중요한지 알 수 있습니다.

다음의 표는 인간의 타락한 구조와 거룩한 구조의 틀을 제시하고 있습니다.

<표 1> 기독교적 인간관

	단계	타락한 구조	거룩한 구조
삶의 결과	5	안전감의 파괴	열매 맺는 생활
욕망	4	"성공할 거야"(교만)	"순종할 거야"(겸손)
자아상	3	"내가 싫어"(자기 혐오)	"내가 좋아"(자기 사랑)
대인 관계	2	자기중심	타인중심
의존	1	사람에게 집착적 의존	하나님께 의존
하나님의 선하심	토대	의심함(두려움, 분노)	신뢰함(평강, 예배)

인간은 타락한 삶을 살 수밖에 없는 존재입니다. 따라서 타락한 인간이 거룩한 삶을 살려면 다음의 것이 필요합니다.

첫째, 하나님의 선하심을 의심하기보다 신뢰하도록 합니다.

둘째, 의존성에 있어서는 자신의 허약함 때문에 사람에게 집착하던 마음을 하나님께 의존하는 마음으로 바꾸어야 합니다.

셋째, 자기중심의 대인 관계에서 타인 중심의 관계로 바꾸도록 시도합니다.

넷째, 자신에 대하여 혐오하고 비하하는 부정적 자아상에서 자신을 사랑하는 긍정적이고 건강한 자아상을 가집니다.

다섯째, 끊임없이 성공하고 싶은 욕망과 교만한 마음을 내려놓고 하나님께 순종하는 겸손함을 추구합니다.

여섯째, 하나님을 신뢰하지 못함으로 파괴된 삶을 살던 것에서 하나님을 의지하고 순종함으로 말미암아 열매 맺는 풍성한 삶이 되도록 훈련합니다.

📖❓ 〈표 1〉에 비추어 볼 때 단계별로 자신의 타락한 모습과 거룩한 모습이 어떻게 나타나고 있는지 살펴보고 나누어 봅시다.

📖❓ 프랜시스 박사는 "인간은 죄악된 존재인 것이 사실입니다. 그러나 인간은 여전히 놀라운 존재입니다."라고 강조하였습니다. 당신은 이 말을 어떻게 이해하시는지요?

3. 성화: 끊임없이 훈련하기

그리스도인인 우리는 예수님을 믿음으로 말미암아 거듭났지만[6] 지속적으로 주님께 의지하지 않으면 다시 죄를 지을 수밖에 없는 연약한 존재입니다. 그리스도인은 원리적으로는 예수님의 대속 제물 되심으로 영원한 용서와 사랑을 입어 온전한 구원을 받았습니다. 하지만 실제적으로는 여전히 죄인의 모습을 가지고 있기에 구원의 누림이 지속적으로 내 삶 가운데 있으려면 주님께 나를 드리는 끊임없는 훈련이 필요합니다.

성경은 거듭난 우리에게 강조하시길 "내가 오늘 하늘과 땅을 불러 너희에게 증거를 삼노라 내가 생명과 사망과 복과 저주를 네 앞에 두었은즉 너와 네 자손이 살기 위하여 생명을 택하고"(신 30:19)라고 말씀하십니다. 즉 자기의 문제를 해결하기 위해 성령의 충만을 사모하며 자신의 죄와 싸워서 유혹에 넘어지지 않도록 성령님께 지속적으로 자신을 의탁하는 연습이 필요합니다. 바로 그것이 '양으로 생명을 얻게 하고 더 풍성히 얻게 하려는'(요 10:10) 예수님의 은총을 누리는 훈련입니다.

이 과정에서 인간됨의 모든 측면이 점진적으로 새로워지는 것입니다. 즉 하나님을 알지 못하던 인생이 하나님을 신뢰하고 사랑하기 시작함으로 자신의 정체성을 회복할 뿐 아니라 자신의 아름다움과 풍성함을 누리고, 자유롭게 또 다른 사람을 사랑하는 것입니다. 따라서 거듭난 인간이라면 누구나 새로운 피조물로서 진정한 관계를 맺고 싶은 욕구를 충족시킬 힘을 가지게 됩니다. 이것은 성령님의 내주하심으로 가능해집니다.

이러한 과정이 바로 성화의 과정입니다. 거듭난 이후에 성령의 은혜로 인간됨의 모든 측면이 점진적으로 새로워지는 것, 이것이 성화입니다. 다시 말하면 하나님

---

[6] "사람이 거듭나지 아니하면 하나님의 나라를 볼 수 없느니라"(요 3:3)
"주 예수를 믿으라 그리하면 너와 네 집이 구원을 받으리라"(행 16:31)

을 알지 못하던 인생이 하나님을 사랑하고 신뢰함으로 자신의 정체성을 새롭게 인식하게 되면서 삶이 더욱더 아름다워지며 다른 사람을 향해서는 아가페 사랑으로 다가갈 수 있는 능력을 갖추게 됩니다. 그러므로 모든 면에서 거룩해지는 과정이 바로 성화입니다. 따라서 성화의 삶은 우리가 이 세상을 살아가는 동안 계속되어야 합니다.

인간의 성품은 한 번 형성되면 잘 바뀌지 않으며 과거에 살아온 삶의 패턴과 경향대로 살아가려는 습성이 강하기 때문에 훈련하고 노력하지 않으면 변하기 어렵습니다. 잘못된 인격은 선한 삶을 살아가는데 장애물이 되며 고통을 초래하기도 합니다. 그러나 좋은 인격은 자기 자신과 공동체에 많은 혜택을 줍니다. 훌륭한 인격자가 되기 위한 과정은 평생에 걸쳐 이루어지는 것으로 반드시 훈련이 동반되어야 합니다. 진정으로 훌륭한 인격, 하나님의 성품을 닮는 고매한 인격은 날마다 성령의 은혜를 사모하는 마음으로 끊임없이 훈련하고 다듬는 작업이 수반되어야만 할 것입니다.[7]

 윗글을 보며 마음에서 느껴지며 정리되는 생각을 나누어 봅시다.

---

[7] 인격의 특징들로는 성령의 열매 외에도 '정직, 신뢰 사려, 검소, 순결, 일관성, 결단력, 정의, 용기, 인내력' 등이 있는데 이러한 덕목들은 훈련 없이 얻을 수 없습니다.

고린도전서 10장 12절 말씀에서는 "그런즉 선줄로 생각하는 자는 넘어질까 조심하라"고 지적하며 우리에게 자신을 잘 살피도록 권고합니다. 평소의 삶에서 자신이 잘 넘어지는 모습에는 어떤 것들이 있는지요?

4. 소망: 하나님을 바라보며 나아가기

토마스 아 켐피스는 그의 책 「그리스도를 본받아」에서 "십자가를 지되 억지로 지지 마십시오. 그러나 십자가를 지려면 기꺼이 지십시오. 그러면 십자가가 당신을 져 줄 것입니다."라고 말하였습니다. 십자가를 기쁨으로 기꺼이 지면 어느 날 더 높은 차원의 삶이 뒤따라오는 것입니다. 하나님의 은혜를 깊이 묵상하고 적용하기 위해 몸부림치면, 어느 순간 우리 문제가 해결되며 삶이 풍성해지면서 새로운 차원의 삶을 경험하는 놀라운 은혜의 상승작용이 일어납니다.

파도타기는 아주 전율이 넘치는 스포츠입니다. 저 멀리서 파도가 밀려올 때 재빨리 보드 위에 올라서서 파도에 자기를 맡기고 그 힘에 의지하고 있으면 수십, 수백 미터까지 나아갈 수 있습니다. 헤엄쳐서 가려면 얼마 못 가 지치고 마는 데 파도의 힘에 몸을 맡기면, 상당한 거리까지 쉽게 나아갈 수 있는 것입니다. 이것을 우리 신앙생활에도 적용할 수 있습니다. 우리가 은혜의 파도타기를 잘하면 신앙이 크게 성장할 수 있습니다. 은혜의 파도타기란 성령의 흐름에 자기를 맡기며 살아가는 삶이라고 할 수 있습니다. 우리는 신앙에 문제가 생기면 대단한 영적 부흥이 필요하다고 생각합니다. 그러나 성령의 흐름에 의지하지 않는 신앙생활은 오래 가지 못합니다. 따라서 하나님의 은혜를 항상 사모하며 그 은혜에 나를 맡기며 살아갈 때, 삶이 힘들어 보여도 다시 극복하며 나아갈 수 있게 됩니다.

북극과 남극의 만년설은 태양과 거리가 멀어서 태양 빛이 도달하는 양이 적기 때문에 생긴 것이고, 인도네시아나 말레이시아의 열대 우림은 태양과 가깝기 때문에 생긴 것입니다. 태양과 가까운 지역은 생명력으로 충만하듯이 신앙생활에서 중요한 것은 하나님과의 영적 거리입니다. 그러므로 하나님이 당신의 삶에서 최우선이 되게 하십시오. 하나님 안에서 살며, 하나님과 함께 살며, 하나님을 전적으로 의지하며 살아가십시오. 이것이 내가 나 되는 최선의 길입니다.

하나님의 능력을 입은 사람은 어떤 환경이라도 극복해 낼 힘을 가집니다. 언제 하나님의 나라 백성들이 수(數)만 많다고 이긴 적이 있습니까? 기드온의 3백 용사를 보십시오. 미디안과 싸우겠다고 3만 2천 명이 나섰습니다. 하나님은 3만 2천 명도 많다고 하셔서 1만 명으로 추렸고, 거기서 다시 3백 명을 추렸습니다. 하나님은 3백 명의 용사로 미디안의 군대 13만 5천을 물리치셨습니다. 믿음 없는 다수보다 진정한 믿음을 가진 소수가 더 강력하다는 것이 성경의 증거입니다.

우리 민족은 흔히 인물이 없다는 말을 자주 하곤 합니다. 100년 전, 조선에 인물이 없다는 말을 들은 도산 안창호 선생께서는 이렇게 말했습니다.

"우리 중에 인물이 없는 것은 인물이 되려고 마음먹고 힘쓰는 사람이 없기 때문이다. 인물이 없다고 한탄하는 그 사람이 인물 될 공부를 왜 아니 하는가?"

이처럼 인물이 없다고 탓하는 바로 그 사람이 인물이 될 자질이 있는 사람입니다. 문제의식을 깨달은 그 사람이 바로 인물이 되려는 마음을 가지고 노력할 때, 우리 공동체는 사랑으로 대안을 만들어 내는 변화의 공동체가 될 것입니다. 이제 진정한 능력을 갖추기 위해 당신의 삶으로 대안을 만들어보십시오. 이것이 이 시대를 책임지는 사람의 태도입니다. 이런 사람은 자신에 대한 존엄성을 가지고 이 세상을 향해 도전하며 자신의 악과 게으름, 한계와 맞서기 위해 지속적으로 노력하는 사람입니다. 이런 사람이 우리의 소망입니다. 바로 이 순간부터 당신이 이런 사람이 되고 싶지는 않으신지요?

윗글을 읽고 깨달은 것을 나누어 봅시다.

 삶에서 한계에 부딪혀 괴로울 때 믿음에 대한 소망을 가지고 나아감으로 극복한 사례가 있으면 나누어 봅시다.

■ ■ ■ 1강의 목표와 내용은 다음과 같습니다.

목표: 하나님의 걸작 중의 걸작인 나를 성경적 입장에서 바라보고 이해하도록 한다.

내용: 1. 창조: 하나님의 걸작
      2. 타락: 창조 시의 모습 상실
      3. 성화: 끊임없이 훈련하기
      4. 소망: 하나님을 바라보며 나아가기

 1강 전체에 대한 깨달음과 소감은 무엇인지요?

2강 | 거절감 상처 극복하기

인생의 가장 근원적인 상처인 거절감이란 무엇인지 살펴보고
실제 삶에서 거절 받은 경험을 찾아 치료를 경험해보도록 한다.

2강 | 거절감 상처 극복하기

목표: 인생의 가장 근원적인 상처인 거절감이란 무엇인지 살펴보고 실제 삶에서 거절받은 경험을 찾아 치료를 경험해보도록 한다.

1. 거절감이란

 모든 사람은 타인으로부터 안전감과 자기 가치감, 존재감을 확인하고 싶은 간절한 마음이 있습니다. 그런데 이러한 필요가 채워지지 않으면 사랑의 결핍이 생기면서 거절을 경험하게 됩니다. 또한 부모의 연약함은 본의 아니게 자녀에게 상처와 고통을 주게 됩니다. 우리가 가장 소중한 사람인 부모에게 버림받았다는 느낌을 갖게 되면 세상이 나를 버렸다고 생각하게 됩니다. 즉 부모도, 세상도 나를 사랑하지 않으니 나 자신도 나를 사랑할 수 없게 되는 것입니다. 이때 자신이 살만한 가치가 없는 사람으로 여겨지고 황량한 가슴이 되어버립니다. 바로 그 순간 느껴지는 감정이 거절감입니다. 거절감은 이러한 절망적인 마음의 상태입니다.

 거절감은 오늘날 대부분의 사람에게 있는 만성적인 질병입니다. 장기화된 깊은 거절감은 상처의 주된 원인이 됩니다. 이것은 성격 전체에 부정적이며 파괴적인 영향을 미치게 됩니다. 사람이 거절감을 경험하게 되면 더 깊은 상처를 받지 않도록 자신을 보호하기 위해서 마음에 벽을 쌓습니다. 이때 참된 '나'는 숨겨지고 거짓 자아가 그 자리를 차지합니다. 이러한 거짓된 나를 스스로 사랑하거나 존귀하게 여길 수 없으므로 다른 사람들도 내가 원하는 만큼 내게 호의적이거나 사랑을 베풀지 않습니다. 따라서 다시 거절감을 경험하게 되는 악순환이 계속되어 늘 마음이 허전하고 외로운 것입니다.

현대인들에게 가장 힘든 일이 무엇이냐고 물으면 그것은 과도한 업무가 아니라 바로 인간관계의 갈등이라고 대답합니다. 인간관계가 나빠지면 모든 것이 어렵고 모든 일이 힘겹게 느껴집니다. 그래서 멋진 차를 타는 것보다, 넓은 집에 사는 것보다 관계가 원만해야 행복한 것입니다. 믿음이 좋다고 해도 다른 사람들과의 관계가 어렵다면 본인은 물론 주위 사람들도 행복하지 않습니다. 하나님을 믿는 자로서 먼저 경험한 하나님과의 관계 능력을 다른 인간관계에 적용할 수 있는 능력을 키워야 합니다. 믿음은 실제적인 관계 속에서 뿌리를 내려야 하고, 우리의 관계 속에서 증명돼야 합니다.

 윗글을 읽고 깨달은 것이나 느낀 것을 나누어 봅시다.

 요한일서 4장 9절 말씀은 "하나님의 사랑이 우리에게 이렇게 나타난 바 되었으니 하나님이 자기의 독생자를 세상에 보내심은 그로 말미암아 우리를 살리려 하심이라"고 되어 있습니다. 나는 거절당하는 존재가 아니라 사랑받아야 할 존재이며 사랑을 입은 존재임이 받아들여 지시는지요?

2. 거절감의 증상

어떤 분이 길에서 아는 집사님을 만났는데, 인사를 했음에도 불구하고 그 집사님은 그냥 스쳐 지나갔습니다. 그 순간, '나에게 화가 났나? 나를 싫어하나?…' 하는 생각이 들면서 마음이 위축되고 분노와 함께 거절감이 밀려왔습니다. 다음날 다시 만났을 때 물어보고 싶었지만 자존심이 상해서 확인도 못 하고 혼자 속으로 끙끙거리며 오해의 깊은 바다를 헤매게 되었습니다. 나중에 우연히 그때 일을 듣게 되었는데 집에 가스 불을 끄지 않고 나온 것이 생각나서 정신없이 집으로 달려가고 있었다는 것입니다. 이렇게 상대방이 나를 보지 못하거나 다른 생각에 빠져서 그냥 지나칠 수도 있는데 나를 거절하는 것으로 생각하며 오해하는 경우가 많습니다.

사람들이 거절감을 느낄 때 크게 다음의 두 종류로 반응을 합니다. 하나는 자기를 학대하는 경우이고, 또 다른 하나는 그 화를 가지고 타인을 학대하는 경우입니다. 그것을 자세히 살펴보면 다음과 같습니다.

<표 2> 거절감의 증상

자기 학대	타인 학대
슬픔, 자기연민, 자기증오, 무관심, 열등감, 불안전감, 실패감, 죄책감, 수치심, 낙심, 절망	자만심, 궤변, 고집, 우월감, 경쟁심, 군림, 완고함, 조종, 배우려 하지 않음, 망상, 적개심/원망, 쓴 뿌리, 비판, 통제, 소유욕

1) 자기 학대의 모습

① 슬픔: 자연스러운 슬픔은 상실 뒤에 따라오는 정상적인 애도 과정의 한 부분으로서 사람으로부터 수용 받을 때 회복되는 특징이 있습니다. 또한 슬픔은 내버려 두면 장기화되어 만성적인 슬픔이 됩니다. 심각한 슬픔은 부정적 관심을 유발하여 병리적 관계를 만듭니다.

② 자기연민: 자연스러운 슬픔은 상실 뒤에 따라오는 정상적인 애도 과정의 한 부분으로써 사람으로부터 수용 받을 때 회복되는 특징이 있습니다. 또한 슬픔은 내버려 두면 장기화되어 만성적인 슬픔이 됩니다. 심각한 슬픔은 부정적 관심을 유발하여 병리적 관계를 만듭니다.

③ 자기증오: 자기증오(자기혐오)는 다른 사람들로부터 거절을 받은 후 스스로 자신을 거절하는 것입니다. 자기증오는 중독이나 배신, 성적 학대같이 인간관계 속에 깊은 충격이나 상처를 받은 사람에게 흔히 볼 수 있습니다. 근친상간의 경우 자기증오는 더욱 심각합니다. 그것은 가족 구성원으로부터 배신과 버림을 당한 것이기 때문입니다. 이런 상처들은 내면에서 자기 가치를 거부하게 만듭니다.

④ 무관심(냉담): 무관심은 열정이 없이 혼자 존재하며, 삶의 의미와 소망 없이 생각이나 감정이 죽은 것처럼, 자신을 포기하며 살아가는 나태한 상태를 뜻합니다. 무관심은 삶의 도전을 포기했음을 보여주는 신호입니다. 이러한 무관심은 지속적인 거절과 반복적인 실패의 감정에서 비롯되는 부정적인 정서입니다. 그래서 노력하는 것이 소용이 없다고 말하며 자신과 타인에 대해 냉담해집니다.

⑤ 불안전감: 불안전감은 미래의 불확실과 사랑과 인정 욕구에 대한 보장이 없는 내일에 대한 두려움 때문에 끊임없이 존재의 공포를 경험하는 것입니다. 이것은 어릴 때부터 받은 사랑의 결핍과 거절, 또는 존재의 불안에서 만들어집니다.

⑥ 실패에 대한 두려움: 거절 속에 살아가는 사람들의 가장 큰 갈등 중 하나는 그들의 무가치성을 신념으로 받아들여 계속적으로 자신이 부적절하다고 느끼는 것입니다. 어릴 때부터 자신이 실패자며 좋지 않은 아이라고 취급되었기 때문에 실패에 대한 두려움을 강박적으로 갖고 있어 항상 실패를 예견하면서 일을 합니다. 그래서 결국 실패를 반복하게 됩니다.

⑦ 수치심: 수치심은 세상의 다른 누구보다 자신이 유난히 더럽고 부적절하며 가치가 없다는 느낌입니다. 자신을 가치 없다고 생각하는 수치심은 자기를 거절하는 것이며 자기증오의 감정입니다. 수치심은 사람이 모든 것에서 완벽해서 어떤 문제나 잘못이 없어야 한다는 거짓말에 깊이 뿌리박고 있습니다.

⑧ 낙심: 낙심은 일종의 좌절 감정으로써 자신의 감정을 죽이며 자신이 사라지는 느낌을 가집니다. 낙심은 자신의 삶을 포기하여 하나님이 주신 영적 에너지와 삶의 열정과 에너지까지 서서히 상실하게 만들며 문제와 어려움을 과장하여 스스로 항복하다가 결국 해결할 의욕까지 잃어버려 심한 경우 삶을 포기하게 됩니다.

⑨ 절망: 절망은 낙심보다 더 깊은 부정적 정서로써 인생을 포기하고 싶어 하는 마지막 감정입니다. 절망은 영적인 눈과 귀를 멀게 하며, 심리적으로 자기 존재의 마지막을 경험하기도 하며, 양심이 그 기능을 정지시키기도 합니다. 그리고 감정적으로 이 모든 책임을 하나님과 타인에게 돌려 적대적인 마음을 갖게 합니다.

 자신이 주로 사용하는 자기 학대의 모습은 어떤 것입니까?

2) 타인 학대의 모습

타인 학대는 자기 자신이나 다른 사람들에게 자신이 거절 받을 만한 사람이 아니라는 것을 증명하기 위한 노력으로 거절에 대해 공격적으로 반응하는 것입니다.

① 자만심: 자만심은 자신은 잘못이 없으며 문제가 발생한 모든 잘못은 다른 사람에게 있다고 생각하며 다른 사람들을 짓밟거나 착취하곤 합니다. 이런 사람들은 이중적으로 그 양상이 나타납니다. 타인의 아픔에 대해 잔인한 태도를 보이면서 자신의 깊은 외로움은 심리적으로 숨기는 것입니다. 자만심은 보통 복잡한 궤변과 결합하여 나타난다.

② 궤변: 궤변은 간단한 것을 복잡하게 만들어서 진짜 감정을 숨기도록 만듭니다. 자만심과 복잡한 궤변은 대화가 피상적이 되고, 거짓으로 논리를 조작하기 때문에 비현실성을 가지게 됩니다. 이들은 옳고 차분하게 보이려는 욕구가 있지만

그 이면에는 불안전감, 두려움, 열등감이 있습니다.

③ 고집: 고집은 열등감과 불안전감의 또 다른 신호로써, 특히 새로운 상황에서 나타납니다. 고집은 어린 시절의 습관적인 패턴으로부터 발달할 수 있는데, 자신의 지위를 남용하는 강한 권위자를 대하는 태도에서 수동적 공격 성향으로 이러한 습관이 생길 수 있습니다.

④ 우월감: 우월감은 학문, 지식, 종교, 전문직의 세계에서 흔한 것입니다. 종종 우월감은 자기 과시의 모습으로 나타나는데 그 속에는 자기애적 병리가 숨어있습니다. 우월감의 이면에는 깊은 열등감과 불안전감이 자리 잡고 있습니다.

⑤ 경쟁심: 경쟁심은 과잉 성취, 일 중독, 자기 과시적 행동, 완벽주의와 밀접한 관련이 있습니다. 경쟁심은 사랑을 얻기 위해, 또 뭔가 대단한 사람이 되기 위해 혹은 시기와 질투 때문에 움직입니다. '나는 할 수 있다.'라는 것을 입증하려고 애씁니다. 경쟁적인 태도는 어린 시절 부모들이 자기 자녀들에게 무엇이든 잘하도록 압력을 준 것에서 시작됩니다.

⑥ 군림: 군림은 불완전감의 신호로써, 심각한 사랑의 결핍이나 폭력적 가정에서 비롯되곤 합니다. 군림하기를 원하는 사람은 다른 사람을 지배하여 자신의 힘을 과시하고 싶은 마음이 있기도 하지만 약자로 보이는 것이 너무 불안해서 군림하고 지배하려는 태도를 보이기도 합니다. 이런 사람은 자신의 약함이 드러날까 봐 노심초사하면서 힘을 과시하려 합니다.

⑦ 완고함: 완고함은 '융통성이 없고 유연성이 없으며 극단적으로 강직하다'라는 뜻이 있습니다. 완고한 사람들은 그들이 생각하는 구조를 벗어나면 불안전감을 느낍니다. 이들은 융통성과 타협을 악한 것으로 보려는 경향이 있고, 선과 악으로 보는 자신의 편견에 익숙한 대로 살게 합니다.

⑧ 조종: 조종은 기만적이거나 간접적인 수단을 통해 사람이나 환경을 자신이 원하는 대로 지배하려는 시도이며 종류가 다양합니다. 조종은 아주 교묘하므로 구분하기가 힘들지만 그 영향력은 자신의 이익을 위해서 남을 이용하는 것이므로 자신의 모습을 잘 살펴서 버리도록 해야 합니다.[8]

⑨ 배우려 하지 않음: 배우려 하지 않는 태도는 "나는 다 알고 있어. 그것엔 새로운 게 없어. 난 이미 다 들었어."라고 말합니다. 때때로 "내가 몰라서 배운다 하더라도 도움이 되는 것은 없어."라고 말하며 지독한 게으름과 고집으로 살아갑니다.

⑩ 망상: 기만이 만성화되면 쉽게 망상으로 발전될 수 있습니다. 예를 들어, 실제로는 그렇지 않은데 남편이 외도하고 있다고 지속적으로 생각하게 되면 나중에 망상으로 발전하게 됩니다. 공상과 망상은 다른 사람에 대한 불신을 갖는 편집증(과대망상증)으로 발전될 수 있습니다.

⑪ 적개심과 원망: 적개심과 원망은 문제들 이면에 있습니다. 상처를 입었을 때 분노, 슬픔, 죄책감, 수치심 등이 나타날 수 있는데 이러한 것들이 잘 해결되지 않은 채 부정 감정이 점점 더 쌓이면 적개심과 원망, 증오 등의 감정으로 남을 수 있습니다.

⑫ 비판: 비판은 부정적인 시각으로 상대의 약점을 지적하는 것인데 여기에는 긍정적인 시각이 없고 불만족이 가득합니다. 거짓된 가르침이 만연하는 현실 속에서 올바르게 분별하여 진리를 추구하기 위해 적절한 분별력은 필요하지만 부정과 비판적인 시각으로 상대방을 공격하는 것은 타인을 학대하는 것입니다.

⑬ 지배욕과 소유욕: 지배하는 태도는 자기가 주도권을 잡으려 하며 소유욕은 상대방이 나를 위해 살도록 조종합니다. 두 가지 모두 타인의 인격을 파괴하는 치명적인 무기입니다. 장성한 자녀나 결혼한 자녀에게 독립을 허락하지 않는 것 역시 지배와 소유욕의 한 단면입니다.

자신이 주로 사용하는 타인 학대의 모습은 무엇입니까?

---

8) 조종의 4가지 유형: 능동형은 강자의 입장에 서서 자신의 약점을 회피하고 타인을 지배하고 이용하며, 수동형은 손해를 보면서 자기를 학대하며 연민에 빠지며 은밀히 이익을 취함으로 자기 필요를 조작하며, 경쟁형은 이기고 지배하기 위해 모든 수단과 방법을 가리지 않는 유형이며, 무관심형은 누가 어떻게 되든 관심이 없는 것처럼 자신을 기만하고 타인을 속여 타인이 자신을 돌보도록 유도하는 것이다.

3. 거절감으로 인한 성격 유형

거절감으로 인해 형성되는 성격 유형은 수동적, 부정적, 공격적, 허무적 성격의 네 가지로 요약해 보면 다음과 같습니다.

<표 3> 거절감으로 인한 성격 유형

유형	수동적	부정적	공격적	허무적
권위자와의 관계	충성하며 유혹적으로 접근	멀리하며 부정적으로 조종함	반항하며 경쟁함	공격 또는 함께 파괴함
중요 인물	사울	모세	야곱	가룟 유다
언어 표현	"당신이 원하는 것은 뭐든 할게요. 제발 나를 격려해 주세요"	"나는 할 수 없어, 나는 포기했어"	"나는 성공 해야만 해"	"나는 사랑스럽지 않아. 너도 그래"
핵심 신념	"나는 사랑받고 싶어"	"나는 사랑받을 수 없어"	"나는 실패할 거야"	"나나 너나 별수 없어"
피하는 것	논쟁, 직면	어떤 일을 시도하는 것	친밀한 관계	가능성 있는 일
문제 (증상)	깊은 거절감, 자기연민, 우울증에 빠짐	타인에 대한 무관심, 거짓 겸손, 조종	고집, 내가 살기 위해 너를 죽임, 상대방을 죽이고 자신은 살아남음	반대를 위한 반대, 파괴적, 부정적, 핍박을 조장
치료	지도자를 넘어 하나님과 관계 맺도록 격려	순수한 아가페를 경험, 자신의 비전과 사명을 찾도록 이끎	하나님의 은혜, 안식경험, 성공보다 자신의 인격과 존재가 소중함을 깨우침	긍정적이며 일관된 사랑, 존재의 소중함과 가치를 알아가도록 함

 당신은 어떤 성격 유형에 속한다고 생각하십니까?

4. 거절감의 원인

거절감을 갖게 되는 원인을 살펴보면 다음과 같습니다.

1) 하나님을 떠난 것

타락으로 인해 모든 인간은 하나님으로부터 버려진 고통을 경험하게 됩니다. 이것은 실로 엄청난 두려움을 안겨줍니다. 버려짐의 고통을 느끼는 순간, 인간은 끝없는 존재의 추락 속에서 절망과 죽음을 느끼는 것입니다. 범죄한 인생을 향해 하나님이 먼저 책망하시거나 버리신 것이 아니라, 인간 스스로가 하나님으로부터 이탈될 수밖에 없었습니다. 왜냐하면 하나님은 빛이시며 거룩하고 정의로운 분이시기에 죄와 악을 가지고 있는 인간은 하나님과 함께할 수 없는 것입니다. 그래서 범죄한 인간은 즉각적으로 하나님을 피하여 동산 나무 사이에 숨었습니다. 하나님이 문제가 아니라, 범죄한 인생이 문제입니다. 하나님이 인간을 버리신 것이 아니라 인간이 스스로 자기를 버리고 하나님으로부터 소외되며, 자기 자신 속에 고독과 연민을 만들고 다른 인간관계 속에서 끝없는 보상적 욕구를 가집니다. 그리고 이 욕구가 충족되지 못할 때 분노와 증오를 하게 됩니다. 결국, 인생의 모든 문제는 하나님으로부터 떠난 죄가 모든 원인이요, 결과가 되는 것입니다.

 로마서 3장 9-18절 말씀을 통하여 인간이 어느 정도 타락하였는지 살펴봅시다.

· **로마서 3:9-18**
그러면 어떠하냐 우리는 나으냐 결코 아니라 유대인이나 헬라인이나 다 죄 아래에 있다고 우리가 이미 선언하였느니라 기록된 바 의인은 없나니 하나도 없으며 깨닫는 자도 없고 하나님을 찾는 자도 없고 다 치우쳐 함께 무익하게 되고 선을 행하는 자는 없나니 하나도 없도다 그들의 목구멍은 열린 무덤이요 그 혀로는 속임을 일삼으며 그 입술에는 독사의 독이 있고 그 입에는 저주와 악독이 가득하고 그 발은 피 흘리는 데 빠른지라 파멸과 고생이 그 길에 있어 평강의 길을 알지 못하였고 그들의 눈 앞에 하나님을 두려워함이 없느니라 함과 같으니라 당신은 죄로 인하여 이와 같은 모든 모습이 당신 안에 있으며, 이런 악을 행하고 있음이 인정되시는지요? 솔직하게 고백해 봅시다.

2) 부모에게 받은 상처

다른 상처와 마찬가지로 거절감의 상처도 부모와 아주 밀접한 연관이 있습니다. 거절감의 주된 원인은 크게 불행했던 가정환경과 부모의 잘못된 양육 방식으로 나눌 수 있지만, 여기서는 다섯 가지로 나누어 살펴보기로 하겠습니다.

첫째, 부모와의 긍정적인 애착에 실패했을 때 거절감을 느낍니다. 어린아이들에게 애착이 형성되려면 어머니와 따뜻하고 좋은 사랑의 관계가 만들어져야 합니다. 어린아이들이 제일 두려워하는 것은 부모가 자기를 버리는 고통입니다. 부모가 자기를 떠나거나 자신의 양육을 포기하는 것은 마치 죽음과 같은 공포입니다. 부모가 자녀에게 거친 말과 행동을 할 때 아이들은 부모로부터 버림받는 것과 같은 심리적 고통을 안게 됩니다. 어린아이가 느끼는 분리와 버림받음은 마치 어른들이 암으로 곧 죽을 것이라는 선고를 받을 때의 공포와 같습니다. 성인이나 어린아이 모두에게 죽음 즉 분리라는 것은 정신적인 충격을 주는 것입니다. 그러나 같은 충격이라도 어린아이는 성인보다 더 큰 충격과 절망감을 가집니다. 왜냐하면, 어린아이들은 충격을 받았을 때 그것을 소화할 수 있는 심리적 준비가 되어 있지 않기 때문입니다.

이러한 버려짐의 아픈 경험이 되풀이되면 어린아이는 외부세계에 대하여 마음을 닫아버립니다. 에릭슨은 이러한 경험을 불신이라고 하였습니다. 부모는 자녀에게 신뢰와 불신, 둘 중 하나를 제공하게 됩니다. 아이에게 신뢰가 만들어지려면 어머니와 아이가 가지는 관계의 질이 중요합니다. 이 관계의 질이란 아이를 따뜻하면서도 일관되게 품어주는 것입니다. 따뜻한 접촉과 눈빛, 그리고 부드러운 말과 다정한 몸짓으로 아이를 대해주면 아이는 어머니를 믿을 수 있는 사람이라고 생각합니다. 그리고 '미래에도 이러한 수준의 사랑이 지속적으로 나에게 오겠구나'라는 확신하게 되면서, 사람에 대하여 믿음과 신뢰를 발전시켜 나가게 됩니다. 그러나 이와 반대의 경험을 하게 되면 마음속에 불신이 생기면서 어떤 관계에서도 기대가 없고 자신의 미래적 삶에 대해 끊임없이 불안해합니다. 사랑에 대한 기본적인 신뢰가 무너졌기 때문에 하나님을 믿는 것도 어려움을 겪게 됩니다. 부모로부터 신뢰를 배우기보다 불신을 배운 사람은 하나님을 믿고 싶어도 믿기가 힘들고 자신과 타인을 신뢰할 수 없게 됩니다.

둘째, 거절감은 어린 시절 불행했던 가정환경에서 옵니다. 너무 무섭기만 한 아버지, 술만 드시면 온 식구를 두들겨 패는 아버지, 온종일 화만 내고 욕을 하는 어머니, 항상 바쁘고 자녀에게 무관심한 부모, 부부 싸움을 자주 하는 부모, 평소에는 잘 해 주다가 감정적인 폭발을 자주 하는 부모, 어려서 부모가 병 때문에 잘 돌보지 못한 경우, 가난하여 먹고 살기조차 힘든 경우, 이런 환경은 자녀에게 거절감을 주게 됩니다.

셋째, 과잉보호 때문입니다. 과잉보호하는 부모는 아이 대신 자신이 결정해 주기 때문에 아이가 스스로 삶을 선택하여 살아갈 수 있는 능력을 박탈하는 셈이 됩니다. 따라서 아이는 낮은 자아감을 느끼게 되고 이로써 심한 거절감을 갖게 됩니다. 과잉보호의 밑 마음은 아이를 믿지 못하는 것이므로 아이도 자기 자신을 신뢰하기 어렵게 됩니다. 즉 자신이 형편없이 못난 사람이기 때문에 항상 확인해야 하고 남을 의존해야 하며 자신에 대해 무능하다는 인상을 느끼고 살아가는 것입니다.

넷째, 조건적인 사랑 때문입니다. 조건적인 사랑은 아이를 양육할 때 존재와 행위를 구분하여 교육하지 못한 경우에 형성됩니다. 아이의 존재는 인격적으로 존중해 주면서 그 아이의 행위를 교정하기 위해 상과 벌로 다가서야 합니다. 그러므로 공부를 잘해야 사랑을 주겠다는 분위기는 전혀 효과 없는 접근입니다. 아이의 행동을 교정하기 위해 벌로 다가설 때도 때때로 은혜와 용서를 적절히 베풀어야 합니다. 완벽주의 부모의 경우, 이러한 용서가 없으므로 도저히 부모의 요구를 따라갈 수 없다고 판단한 자녀는 부모에게 심한 거절감을 갖게 됩니다.

다섯째, 비교 때문입니다. 직접적인 거절감은 아니지만, 비교를 통해 간접적인 배척감을 주는 경우가 종종 있습니다. 이러한 비교는 사람의 존재와 행위를 구별하는 시각을 잃어버리게 합니다. 그래서 끊임없는 존재의 불안을 경험하게 되며 삶의 무능을 가져오게 됩니다.

 부모에게 받은 상처 내용을 보며 떠오르는 아픔이나 기억이 있으면 나누어 봅시다. 이때 서로에게 지지자가 되어주고 격려자가 되어 위로하는 시간을 갖도록 합니다.

3) 그 밖의 상처

이외에도 교회나 사회 권위자들의 거짓된 비난이나 옳지 못한 지도력 때문에 마음속에 깊은 거절감을 경험하며 살아가게 됩니다. 그뿐만 아니라 죄와 악으로 인해 타락된 문화와 사회 분위기가 있습니다. 종종 청소년들은 충동적인 성행위나 범죄의 유혹으로 이끄는 동료들의 극심한 압력을 받습니다. 거짓 선지자들은 결혼하지 않은 젊은 남녀의 하룻밤으로 끝나는 성관계를 합법적인 양 옹호하고 있습니다.

또 자신의 이익을 위해 성도들의 순수한 신앙을 이용하는 사악하며 옳지 못한 종교 지도자들이 있습니다. 이들은 "여호와가 보낸 자가 아니라"(겔 13:6)는 말씀처럼 하나님이 보내지 않으셨는데 자기의 욕망을 따라 예언하는 거짓 선지자들입니다. 안타까운 것은 이런 악한 자들이 많이 있다는 것입니다. 이들 때문에 영적으로 거절감을 느낀 경우는 오히려 큰 고통을 가져오게 됩니다.

정부와 사회 기관 역시 국민과 시민들에게 위선과 악을 행함으로써 거짓 선지자의 역할을 하고 있습니다. 그뿐만 아니라 관심을 집중시키려고 거짓된 힘을 행사하기도 합니다.

마지막으로 대중 매체를 통한 상처가 있습니다. 대중 매체는 사실이 아닌 것을 진실처럼 왜곡하여 인간의 마음에 불안과 거절의 상처를 안겨줍니다.

〈실습〉

1. 자신에게 나타나는 거절감의 유형은 어디에 속하는지 살펴보고, 그 원인은 어디에서 비롯된 것인지 찾아봅시다.

유형	나타나는 모습	원인(부모, 기타)

5. 나의 거절감 상처 기록

나의 가장 가까운 가족들은 나를 어떻게 보고 있는지 찾아보고, 그에 대한 내 생각과 느낌을 살펴봅시다. 그리고 스스로에 대해서 나는 어떻게 생각하는지 살펴봄으로 자신의 자아상을 정리해 봅시다.

1) 가까운 사람과의 관계

다른 사람이 나를 대하는 방식은 어떠했습니까? (말, 분위기, 행동 등) 그때 내 생각과 느낌은 어떠했습니까? (과거에서 현재까지 마음에 맺혀 있는 것 중심으로 기록해본다.)

<예>

대상	나를 대하는 태도 (말, 분위기, 행동 등)	그때의 느낌	그때 내 생각 (비합리적 사고)
부모	아버지: 나를 없는 사람으로 대함. 학교에 보내지 않으려 함	무시, 거절, 가치 없는 느낌	내가 그렇지 뭐 나는 투자할 가치가 없구나
	어머니: 아버지의 눈치를 보면서 나를 돌봄, 불안해하심	혼란, 거절	또 버려지는구나…….
배우자	나의 원함과 욕구를 채워주지 못함	외로움, 포기하는 마음	지독히 운도 없는 놈!
형제	형: 나를 배척, 자기밖에 모름	짓밟히는 마음	모두 다 나를 버리는구나!
	동생: 나를 무시	분노, 죽이고 싶은 마음	저놈이 아니면 내가 막내로 사랑받았을 텐데
중요타인 (1)	큰아버지: 사랑을 주는 척, 돕는 척, 실제로는 아무것도 베풀지 않음	기대가 무너지는 느낌, 분노, 처절함	내가 이 땅에서 무슨 소망을 가질 수 있겠나?
중요타인 (2)	초등 선생님: 나를 특별히 사랑해서 늘 격려하고 선생님의 점심을 같이 먹음	감사, 고마움, 미안함, 믿어지지 않고 황송함	내가 이렇게 사랑받아도 되나? 이것이 현실인가?

<나의 경우>

대상	나를 대하는 태도 (말, 분위기, 행동 등)	그때의 느낌	그때 나에 대한 내 생각(비합리적 사고)
부모			
배우자			
형제			
중요타인 (1)			
중요타인 (2)			
기타 (조부모, 친척, 멤버)			

위의 양식에서 발견한 것을 토대로 거절감으로 인해 형성된 자신의 모습은 어떤지 종합적으로 정리해 봅시다.

■ ■ ■ 2강의 목표와 내용은 다음과 같습니다.

목표: 거절감이란 무엇인지 살펴보고 실제 삶에서 거절 받은 경험을 찾아보도록 한다.

내용: 1. 거절감이란
     2. 거절감의 증상
     3. 거절감으로 인한 성격 유형
     4. 거절감의 원인
     5. 나의 거절감 상처 기록

 2강 전체에 대한 깨달음과 소감은 무엇인지요?

3강 | 성경적 사고 훈련하기

내 안에 있는 비합리적 사고를 발견하여 합리적 사고와 성경적 사고로 바꾸는 연습을 통하여 하나님의 사람으로 살아갈 수 있는 자질과 능력을 키운다.

3강 | 성경적 사고 훈련하기

목표: 내 안에 있는 비합리적 사고를 발견하여 합리적 사고와 성경적 사고로 바꾸는 연습을 통하여 하나님의 사람으로 살아갈 수 있는 자질과 능력을 키운다.

1. 감정과 사고의 관계

 "사고는 감정을 낳고 감정은 행동을 낳고, 행동은 습관을 낳고 습관은 성품을 낳고, 성품은 운명을 결정짓는다."라는 격언이 있습니다. 건강한 사고에서 건강한 감정이 나오고 부정적 사고에서 부정적 감정이 나오는 것입니다. 그러므로 사고의 전환이 이루어지면 감정도 바뀔 수 있는 것입니다. 다음 그림을 보며 사고와 감정, 행동의 관계를 살펴봅시다.

[그림 1] 사건, 사고, 감정, 행동의 관계

다음의 예를 봅시다.

"어제는 월급을 타는 날이라 기분이 좋았고, 고향 친구를 만나 저녁을 같이 먹었다. 오랜만에 고향 친구를 만나니 매우 반가웠고, 음식이 맛있어서 더 유쾌했다. 저녁 뉴스에 비행기 사고가 터졌다고 해서 놀랍고 우울했는데, 내가 좋아하는 프로야구팀이 이겨서 신나고 즐거웠다. 그런데 어제 더워서 밤잠을 설쳤더니 오늘 아침 나의 기분은 영 개운치가 않다."

위의 표현을 "나는 이렇게 느낀다(A). 왜냐하면…(B)"이라는 형식을 빌려 나타내 보면 다음과 같은 표현이 됩니다.

<표 4> 느낌 언어 찾기

표현 A (나는 이렇게 느낀다)	표현 B (왜냐하면…)
어제는 내 기분이 좋았다.	왜냐하면 월급을 타는 날이라서
어제 나는 매우 반가웠다.	왜냐하면 오랜만에 고향 친구를 만나서
어제 나는 매우 유쾌했다.	왜냐하면 음식이 맛이 있어서
어제 나는 매우 놀랍고 우울했다.	왜냐하면 뉴스에서 비행기 사고가 터졌다고 해서
어제 나는 신나고 즐거웠다.	왜냐하면 내가 좋아하는 프로야구팀이 이겨서
지금 나는 기분이 개운치 않다.	왜냐하면 더워서 밤잠을 설쳤더니

우리는 표현 A에서 아무런 문제도 발견할 수 없습니다. 하지만 표현 B로 바꾸어 보니 감정과 그 감정을 일으킨 배경이 선명하게 나타나는 것을 알 수 있습니다. B라는 상황은 A라는 감정이 생겨난 배경이자 원인입니다. 이렇듯 각각의 감정이 생긴 원인을 이해하는 것은 중요하며 이때 간과해서 안 될 것은 B가 A를 일으킨 절대적인 원인은 아니라는 점입니다. 월급을 타는 날이라고 해도 자신의 월급이 적다고 생각하면 기분이 좋지 않을 수도 있고, 오랜만에 고향 친구를 만났더라도 마음이 통하지 않아서 괜히 다투기라도 했다면 차라리 만나지 않은 것만 못했을 것이기 때문입니다. 감정을 만들어 내는 것은 상황이 아니라 자기 생각입니다. 주어진 상황을 어떻게 생각하느냐에 따라서 느낌은 달라질 수 있습니다.

다음의 경우는 이것에 아주 적합한 실례라고 생각합니다.

뉴욕의 한 지하철에서 한 중년 남자와 그의 애들이 탑승한 순간, 아이들은 앞뒤로 왔다 갔다 하면서 큰 소리로 말하고, 물건을 팽개치며, 심지어는 어떤 사람이 읽고 있는 신문을 움켜잡기까지 하였습니다. 매우 소란스러운 분위기였습니다. 그러나 아이들과 함께 탑승한 남자는 그런 것에 전혀 개의치 않고 그저 죽은 듯이 가만히 있었습니다. 이 사람은 자기 아이들이 날뛰도록 내버려 두고, 자신은 무감각하게 가만히 있으면서 아무런 책임도 지지 않고 있었습니다. 거의 모든 승객이 짜증을 내고 있다가 도저히 참기 어려운 지경까지 이르자 한 사람이 그 남자에게 이렇게 말했습니다.

"선생님, 아이들이 저렇게 많은 손님에게 폐를 끼치고 있습니다. 어떻게 아이들을 좀 조용하게 할 수는 없겠습니까?"

그때야 그 사람은 마치 상황을 처음으로 인식한 것처럼 눈을 약간 뜨면서 다음과 같이 힘없이 말하였습니다.

"당신 말이 맞는군요. 저도 뭔가 어떻게 해 봐야겠다고 생각합니다. 그런데 사실 지금 막 병원에서 오는 길인데, 한 시간 전에 저 아이들의 엄마가 죽었습니다. 저는 앞이 캄캄해서 무엇을 어떻게 해야 할지 모르겠고, 아이들 역시 이 일을 어떻게 해야 할지 막막한 것 같습니다."

그 순간 그 이야기를 들은 사람들은 갑자기 상황을 다르게 보기 시작했습니다. 상황을 다르게 보았기 때문에 다르게 생각하게 되었으며, 다르게 느끼게 되었고, 다르게 행동하기 시작했습니다. 짜증은 일순간 사라졌고 화를 냈던 사람들의 마음은 그 사람이 가진 고통을 함께 느끼면서 동정심과 측은한 느낌이 자연스럽게 넘쳐 나왔습니다.

 윗글을 읽으며 어떤 생각이 드시는지요?

"너희는 이 세대를 본받지 말고 오직 마음을 새롭게 함으로 변화를 받아 하나님의 선하시고 기뻐하시고 온전하신 뜻이 무엇인지 분별하도록 하라(롬 12:2)"는 말씀에 따라 나의 잘못된 사고나 행동이 있으면 어떻게 해야 하는지 나누어 봅시다.

2. 비합리적 사고

비합리적 사고란 정신적, 심리적 장애를 초래하는 것으로, 비실제적이고 비논리적이며 아무런 근거 없이 건전한 인간 행동을 하는데 지장을 초래하는 신념이나 사고입니다.[9] 일반인들이 가지고 있는 비합리적 사고에는 다음과 같은 것들이 있습니다.

<표 5> 비합리적 사고

종류	내용	예
1. 확대와 축소	잘못을 확대하거나 성공을 축소한다.	자녀들에게 소리를 지르다니 나는 정말 나쁜 엄마다.
2. 평가 절하	성공이나 찬사에 대해 그 가치를 깎아내린다.	내가 그 직장을 갖게 된 것은 운이 좋아서 그래.
3. 파멸적 사고	가장 나쁜 일이 일어날 것이라고 예상한다.	시험을 이렇게 망쳐버렸으니 끝장이다.
4. 개인화	다른 사람들이 관련된 어떤 부정적인 사건에 대해 비난을 스스로 받아들인다.	우리 가정의 모든 문제는 바로 나 때문이야.

---

9) 이러한 비합리적인 사고는 인지행동치료이론에 바탕을 둔 것으로 심리학자 Albert Ellis가 구성한 것입니다.

종류	내용	예
5. 과잉 책임	어떤 사건에 대해 지나치게 책임을 지려 하며, 자신을 문제의 유일한 원인이라고 생각한다.	결혼 생활의 불행은 모두 나 때문이야.
6. 자기중심 사고	모든 시각이 어린아이처럼 편향성이 커서 자기 문제를 지나치게 크게 본다.	만일 내가 제대로 하지 못하면 사람들은 나를 실패작으로 생각할 거야.
7. 이분법 사고	모든 것을 절대적, 양극적, 흑백 논리로 바라보는 경향이 강하다.	완벽하게 잘하지 못하면 나는 별 볼 일 없는 사람이야.
8. 과잉 일반화	나쁜 사건이 계속 일어나거나 항상 어떤 방식이 남아 있으리라 추측한다.	내게는 항상 나쁜 일이 일어나.
9. 감정적 논리	자신의 감정에 따라 생각한다.	나는 실패자처럼 느껴진다. 그러므로 나는 실패자다.
10. 비약적인 결론	상대방이 나에 대해 생각하고 있을지도 모르는 것을 읽어내려고 지나치게 노력한다.	내가 기분이 좋지 않은 것을 모든 사람이 주목하고 있어.
11. 낙인찍기	제한된 지식에 근거하여 사람들을 분류한다.	그 사람은 틀렸어.

위에 있는 비합리적 사고를 보고 나에게 해당하는 것은 무엇인지 찾아봅시다. 처음에는 나의 안 좋은 모습을 찾고 인정하기가 쉽지 않을 것입니다. 그러나 우리의 허물이 언젠가는 다 드러날 것(히 4:13)이므로 용기를 내어 내 안에 있는 비합리적인 모습과 사고들을 찾아봅시다.

1) 일반적인 비합리적 사고

사람들은 일반적으로 다음과 같은 12가지 거짓된 신념의 지배를 받습니다. 당신에게 해당하는 것들이 무엇인지 표시해 보십시오.

번호	12가지 잘못된 신념	표시
1	나는 모든 중요한 타인들에게 사랑과 인정을 받아야 한다.	
2	모든 사람, 특히 내게 가까운 사람은 내 방식대로 생각하고 믿어야 한다.	
3	나는 절대로 실수하거나 실패해서는 안 된다.	
4	나는 누구도(특히 내가 사랑하는 사람은) 실망시켜서는 안 된다.	
5	내 삶에는 갈등이 없어야 한다(특히 가장 가까운 사람들과는).	
6	나는 어떤 대가를 치르고서라도 다른 사람들로부터 용납을 받아야 한다.	
7	내 삶은 항상 행복해야 한다.	
8	모든 사람, 특히 내게 가장 가까운 사람은 나를 이해해야 한다.	
9	모든 사람, 특히 내게 가장 가까운 사람은 내게 동의해야 한다.	
10	내가 사랑을 받으려면 행동을 잘해야 한다.	
11	아무도 나를 싫어(미워)해서는 안 된다.	
12	지금 나의 이런 모습은 바꿀 수 없다.	

2) 그리스도인들의 비합리적 사고

그리스도인들 역시 비합리적 사고를 아주 많이 가지고 있습니다. 다음 중 당신에게 해당하는 것에 표시해 보십시오.

번호	그리스도인들의 비합리적 사고	표시
1	나는 하나님의 사랑과 인정을 받아야 한다.	
2	하나님은 죄와 죄인을 미워하신다.	
3	내가 영적으로 강해야만 하나님께 쓰임 받을 수 있습니다.	
4	진정한 그리스도인은 분노와 불안, 우울감을 느끼지 않는다.	
5	내가 그리스도인이기 때문에 하나님은 나를 고통과 고난에서 보호하실 것이다.	
6	내게 충분한 믿음이 있다면 치유될 것이다.	
7	나의 모든 문제는 내 죄 때문이다.	
8	다른 사람들의 모든 필요를 채우는 것은 그리스도인의 당연한 의무다.	

3) 결혼에 대한 비합리적 사고

결혼에 대한 비합리적 사고는 다음과 같습니다. 당신에게 해당하는 것들이 무엇인지 표시해 보십시오.

번호	결혼에 대한 비합리적 사고	표시
1	결혼하고 나면 아무 문제가 없을 것이다.	
2	결혼하고 나면 배우자가 쉽게 변화될 것이다.	
3	우리 문제는 배우자의 잘못 때문이다.	
4	우리 결혼 생활의 모든 문제는 나 때문이다.	
5	우리 결혼 생활에 갈등이 있다면, 우리는 서로 맞지 않는 것이 틀림없다.	
6	내 배우자는 나의 모든 필요를 채워주어야 한다.	
7	배우자가 내게 맞춰야 한다.	
8	우리의 결혼 생활을 더 개선하기 위해 나 자신을 바꾸어서는 안 된다.	
9	내 배우자는 나와 달라서는 안 된다.	
10	내 배우자와 같은 사람과 함께 행복해지는 것은 불가능하다.	

 비합리적 사고를 표시하면서 당신 안에 새롭게 발견된 것은 무엇이며, 어떤 느낌이 드시는지요?

3. 합리적 사고

합리적 사고는 자기 자신, 다른 사람, 세상에 대한 적절한 사고입니다. 비합리적 사고와 합리적 사고를 비교하면서 어떤 점에서 차이가 있는지 생각해봅시다.

<표 6> 비합리적 사고, 합리적 사고

항목	비합리적 사고	합리적 사고
사랑	모든 중요한 사람들로부터 사랑받고, 인정받고, 이해받아야만 가치 있는 사람이다. 만약 그렇지 않으면 끔찍하다.	내가 나를 존중하고, 내 능력과 노력으로 인정을 받고, 사랑받기보다 사랑을 주는 것이 더 생산적이다.
악	어떤 사람들은 나쁘고 사악하며 반드시 비난받고 처벌받아야만 한다.	사람들은 비윤리적으로 행동하는 경우가 흔하며, 이들을 비난하고 처벌하기보다 그들의 행동을 변화시킬 수 있도록 도와주는 것이 더 좋을 것이다.
미래	위험하거나 두려운 일이 일어날 가능성을 늘 생각하고 있어야 한다.	걱정한다고 해서 일이 해결되지는 않는다. 괴로운 일이 생기면 최선을 다하겠지만, 만약 불가능하다면 그 일을 받아들이겠다.
실수	어떤 실수도 없이 완벽하고 성공해야만 가치 있는 인간이다(완벽주의).	자신이 인간적인 제한점이 있고, 실수도 하는 불완전한 존재라는 것을 받아들이는 것이 좋다.
운명	인간의 문제는 완전한 해결책이 있고 만약 그 해결책을 발견할 수 없다면 끔찍한 일이다(인생에는 정답이 있다).	세상은 불확실하다. 그런데도 가장 좋은 결과를 위해 위험을 무릅쓰고 모험에 도전한다.
정의	세상은 반드시 공평해야 하며 정의는 반드시 승리해야 한다.	세상에는 불공평한 경우가 자주 있다. 불만을 갖기보다는 이를 시정하도록 노력하는 편이 더 낫다.
고통	나는 항상 고통이 없이 편안해야만 한다.	고통 없이 얻을 수 있는 것은 아무것도 없다. 고통이 좋지는 않지만 불편을 참아내고 견딜 수 있다.
일	일이 뜻대로 진행되지 않는다면 이는 무시무시하고 끔찍한 일이다.	일이 내 뜻대로 된다면 좋겠지만, 내가 원하는 대로 되지 않는다고 해서 끔찍할 이유는 없다.
대응	인생에서 어려움은 부딪치기보다 피해 가는 것이 편하다.	피해 가는 삶은 궁극적으로는 더 어려운 삶을 초래할 수 있다. 그러므로 맞서보자.
의존	우리는 다른 사람에게 의지해야만 하고 의지할 강한 누군가가 있어야만 한다.	다른 사람들과 친밀하게 지내지만 내 생활을 도와줄 사람을 원하지는 않는다. 나 자신을 믿고 나를 의지하겠다.
책임	행복이란 외부 사건들에 의해 결정되며 우리는 통제할 수 없다(종속적인 삶).	현재 내가 겪는 괴로움은 주로 나의 책임이며, 내가 생각을 바꾸면 나의 감정도 조절할 수 있다.
과거	과거의 사건들이 현재의 내 행동을 결정한다(운명주의).	과거에 대한 생각과 그 영향에 대한 나의 해석을 재평가함으로써 과거의 영향을 극복할 수 있다.

📖 비합리적 사고와 합리적 사고를 비교해 보며 들은 깨달음을 나누어 봅시다.

4. 비합리적 사고를 성경적 사고로

하나님의 아름다운 형상을 회복하기 위해서는 무엇보다 자기 안에 있는 비합리적인 사고가 무엇인지 정확하게 살펴보고 인정한 다음, 그것을 합리적인 사고로 바꾸어야 합니다. 그리고 그 합리적인 사고를 다시 성경적 사고로 바꾸도록 해야 합니다. 앞에서 비합리적인 사고와 합리적인 사고를 비교했는데, 여기서는 합리적인 사고와 성경적 사고를 비교하여 그 차이를 알 수 있도록 하였습니다.

<표 7> 합리적 사고, 성경적 사고

	합리적 사고	성경적 사고
사랑	내가 나를 존중하고, 내 능력과 노력으로 인정을 받고, 사랑받기보다 사랑을 주는 것이 더 생산적이다.	하나님은 독생자를 주실 만큼 나를 사랑하신다. 나는 그 사랑으로 나와 모두를 넉넉히 사랑한다.
악	사람들은 비윤리적으로 행동하는 경우가 흔하며, 이들을 비난하고 처벌하기보다는 그들의 행동을 변화시킬 수 있도록 도와주는 것이 더 좋을 것이다.	모든 사람은 하나님의 형상으로 존엄하며 은혜 입은 존재이지만 악의 잔재를 잘 다룰 수 있도록 주님을 의지해야 한다.
미래	걱정한다고 해서 일이 해결되지는 않는다. 괴로운 일이 생기면 최선을 다하겠지만, 만약 불가능하다면 그 일을 받아들이겠다.	하나님은 나에게 최선의 것을 주시려고 준비하셨기에 그리스도와 함께할 영광을 바라보고 확신 있는 삶을 살겠다.
실수	자신이 인간적인 제한점이 있고, 실수도 하는 불완전한 존재라는 것을 받아들이는 것이 좋다.	인간은 최선을 다하고 그 결과를 받아들이지만, 실수와 연약함을 통해 하나님께 의존하는 것을 배운다.
운명	세상은 불확실하다. 그런데도 가장 좋은 결과를 위해 위험을 무릅쓰고 모험에 도전한다.	하나님은 나에게 삶을 맡기셨다. 나는 청지기로서 하나님의 뜻을 살펴 최선을 다해 주도적으로 살겠다.
정의	세상에는 불공평한 경우가 자주 있다. 불만을 품기보다 이를 시정하도록 노력하는 편이 더 낫다.	모든 심판은 하나님께 맡기고 나는 사랑과 용서로 모든 사람을 대하겠다.
고통	고통 없이 얻을 수 있는 것은 아무것도 없다. 고통이 좋지는 않지만, 불편을 참아내고 견딜 수 있다.	하나님은 고통을 통해 성숙하기를 원하신다. 고통은 변장된 축복이며, 새 체험을 위한 것이다.
일	일이 내 뜻대로 된다면 좋겠지만, 내가 원하는 대로 되지 않는다고 해서 끔찍할 이유는 없다.	모든 일이 하나님의 섭리 안에 있지만 나는 청지기로서 내가 맡은 일에 최선을 다한다.
대응	피해 가는 삶은 궁극적으로는 더 어려운 삶을 초래할 수 있다. 그러므로 맞서보자.	하나님의 의를 따라 믿음으로 나아가며 사랑과 지혜로 도전하겠다.
의존	다른 사람들과 친밀하게 지내지만 내 생활을 도와줄 사람을 원하지는 않는다. 나 자신을 믿고 나를 의지하겠다.	하나님을 절대적으로 의지하고 사람을 사랑함으로 믿고 인격적으로 협력하겠다.
책임	현재 내가 겪는 괴로움은 주로 나의 책임이며, 내가 생각을 바꾸면 나의 감정도 조절할 수 있다.	하나님이 내 인생을 책임져 주시기에 하나님께 순종하면서 점점 더 많은 것을 책임지는 삶을 살겠다.
과거	과거에 대한 생각과 그 영향에 대한 나의 해석을 재평가함으로써 과거의 영향을 극복할 수 있다.	하나님은 과거를 묻지 않으신다. 그러므로 현재를 새롭게 만나고 미래를 열어나가겠다.

비합리적인 사고를 합리적이며 성경적인 사고로 바꾸는 예를 들면 다음과 같습니다.

<예>

비합리적 사고	합리적 사고	성경적 사고
나는 항상 잘해야 한다 (완벽주의).	나는 불완전한 존재이며 실수도 자주 하지만 나는 최선을 다하려 애쓴다.	하나님은 내가 불완전해도 여전히 나를 사랑하신다. 하나님의 은혜를 구하며 내 할 일은 계속 노력하자.
나는 친절하고도 상냥한 대우를 받아야 한다.	나는 사람들에게 기대하기보다 먼저 친절을 베풀며 주도적으로 관계하겠다.	하나님은 나에게 끊임없이 사랑을 주시며 이 사랑을 다른 사람에게도 나누라고 요청하신다.
상황은 내가 원하는 방식대로 되어야 하고, 그렇지 않으면 나는 우울증이나 자기연민에 빠진다.	내가 원하는 대로 되면 좋겠지만 세상은 전혀 그렇지 않다. 만일 실패한다면 그 원인을 잘 살펴 성공적인 결과가 나오도록 노력하자.	모든 일이 하나님의 섭리 안에 있으므로 상황이 내 뜻대로 되지 않더라도 내가 맡은 일에 최선을 다하자.

깊이 뿌리박힌 비합리적 사고는 그것이 정말 어떤 것인지 최종적으로 밝혀지기까지 몇 개월이 걸릴 수도 있습니다. 치료는 과정과 시간이 필요합니다. 새로운 자기 대화를 훈련해도 어린 시절부터 습관화되어 있어서 새로운 자기 대화가 자리 잡기까지는 시간이 걸립니다. 이것은 수용적인 분위기, 격려하는 관계, 합리적이며 성경적인 사고, 성령의 은혜와 도우심, 지속적인 노력이 있을 때 가능합니다.

 자신 안에 있는 비합리적인 사고를 찾아서 합리적인 사고와 성경적 사고로 바꾸어 봅시다. 앞에서 표시한 내용을 가지고 바꿔보도록 하십시오. 이 연습은 의외로 쉽지 않겠지만 자주 연습하다 보면 당신이 성경적인 사고를 하는 놀라운 효과를 볼 수 있습니다. 꾸준히 연습하고 또 연습하십시오.

<예>

비합리적 사고	합리적 사고	성경적 사고
내가 그렇지 뭐.	내가 어때서! 이만하면 훌륭해.	하나님은 나를 너무 귀하게 여기셔서 자신의 목숨까지 버리셨다.
나에게는 투자할 가치가 없구나.	모든 인간은 인간이기 때문에 투자할 가치가 있어, 나도 마찬가지야.	나의 가치는 우주보다 귀하다. 만물의 창조주이신 하나님이 인정하신다.
또 버려지는구나.	부모가 교육적으로 무지하다면 버려질 수도 있는 거지. 이제 내가 스스로 일어서면 되잖아.	하나님은 세상 끝날까지 영원히 나를 책임지신다.
저놈이 아니면 내가 막내로 사랑받을 텐데….	현실을 있는 그대로 보는 것이 건강한 거야.	내가 귀한 존재인 것처럼 동생도 동일하게 귀하다.
지독히 운도 없는 놈.	다른 사람의 도움을 기대하고 기다리기보다 자신의 노력으로 일어서는 것이 아름다운 것이다.	하나님은 나를 도우시며 나를 사랑하셔서 오직 나 하나만을 생각하는 것처럼 모두를 사랑하신다.
모두가 나를 버리는구나.	사람들이 나에게 무엇인가를 해 주기를 기대한다면 당연히 실망할 수밖에 없다. 자신의 노력과 실력으로 일어서야 한다.	하나님은 그의 섭리로 나를 이끄신다. 특별히 나의 고통을 통해서 내게 유익을 주신다.
내가 이 땅에서 무슨 소망을 가질 수 있겠나?	자신의 노력에 근거한 소망이 진정한 소망이다. 다른 사람의 도움에 근거한 소망이라면 그것은 모래 위에 집을 짓는 것처럼 어리석은 것이다.	내가 비록 아무런 결과가 없어도 하나님은 나를 사랑하셔서 나의 소망이 되시고 내 삶을 풍성히 채우신다.

2강 41페이지에 기록한 상처로 인한 나의 비합리적 사고를 여기에 그대로 적고, 그것을 합리적 사고, 성경적 사고로 바꾸어 봅니다. 다음 페이지의 표를 보며 참고하십시오.

<나의 경우>

비합리적 사고	합리적 사고	성경적 사고

	비합리적 사고	합리적 사고	성경적 사고
사랑	모든 중요한 사람들로부터 사랑받고, 인정받고, 이해받아야만 가치 있는 사람이다. 만약 그렇지 않으면 끔찍하다.	내가 나를 존중하고, 내 능력과 노력으로 인정을 받고, 사랑받기보다 사랑을 주는 것이 더 생산적이다.	하나님은 독생자를 주실 만큼 나를 사랑하신다. 나는 그 사랑으로 나와 모두를 넉넉히 사랑한다.
악	어떤 사람들은 나쁘고 사악하며 반드시 비난받고 처벌받아야만 한다.	사람들은 비윤리적으로 행동하는 경우가 흔하며, 이들을 비난하고 처벌하기보다 그들의 행동을 변화시킬 수 있도록 도와주는 것이 더 좋을 것이다.	모든 사람은 하나님의 형상으로 존엄하며 은혜 입은 존재이지만 악의 잔재를 잘 다룰 수 있도록 주님을 의지해야 한다.
미래	위험하거나 두려운 일이 일어날 가능성을 늘 생각하고 있어야 한다.	걱정한다고 해서 일이 해결되지는 않는다. 괴로운 일이 생기면 최선을 다하겠지만, 만약 불가능하다면 그 일을 받아들이겠다.	하나님은 나에게 최선의 것을 주시려고 준비하셨기에 그리스도와 함께할 영광을 바라보고 확신 있는 삶을 살겠다.
실수	어떤 실수도 없이 완벽하고 성공해야만 가치 있는 인간이다(완벽주의).	자신이 인간적인 제한점이 있고, 실수도 하는 불완전한 존재라는 것을 받아들이는 것이 좋다.	인간은 최선을 다하고 그 결과를 받아들이지만, 실수와 연약함을 통해 하나님께 의존하는 것을 배운다.
운명	인간의 문제는 완전한 해결책이 있고 만약 그 해결책을 발견할 수 없다면 끔찍한 일이다(인생에는 정답이 있다).	세상은 불확실하다. 그런데도 가장 좋은 결과를 위해 위험을 무릅쓰고 모험에 도전한다.	하나님은 나에게 삶을 맡기셨다. 나는 청지기로서 하나님의 뜻을 살펴 최선을 다해 주도적으로 살겠다.
정의	세상은 반드시 공평해야 하며 정의는 반드시 승리해야 한다.	세상에는 불공평한 경우가 자주 있다. 불만을 품기보다 이를 시정하도록 노력하는 편이 더 낫다.	모든 심판은 하나님께 맡기고 나는 사랑과 용서로 모든 사람을 대하겠다.
고통	나는 항상 고통이 없이 편안해야만 한다.	고통 없이 얻을 수 있는 것은 아무것도 없다. 고통이 좋지는 않지만, 불편을 참아내고 견딜 수 있다.	하나님은 고통을 통해 성숙하기를 원하신다. 고통은 변장된 축복이며, 새 체험을 위한 것이다.
일	일이 뜻대로 진행되지 않는다면 이는 무시무시하고 끔찍한 일이다.	일이 내 뜻대로 된다면 좋겠지만, 내가 원하는 대로 되지 않는다고 해서 끔찍할 이유는 없다.	모든 일이 하나님의 섭리 안에 있지만 나는 청지기로서 내가 맡은 일에 최선을 다한다.
대응	인생에서 어려움은 부딪치기보다 피해 가는 것이 편하다.	피해 가는 삶은 궁극적으로는 더 어려운 삶을 초래할 수 있다. 그러므로 맞서보자.	하나님의 의를 따라 믿음으로 나아가며 사랑과 지혜로 도전하겠다.
의존	우리는 다른 사람에게 의지해야만 하고 의지할 강한 누군가가 있어야만 한다.	다른 사람들과 친밀하게 지내지만 내 생활을 도와줄 사람을 원하지는 않는다. 나 자신을 믿고 나를 의지하겠다.	하나님을 절대적으로 의지하고 사람을 사랑함으로 믿고 인격적으로 협력하겠다.
책임	행복이란 외부 사건들에 의해 결정되며 우리는 통제할 수 없다(종속적인 삶).	현재 내가 겪는 괴로움은 주로 나의 책임이며, 내가 생각을 바꾸면 나의 감정도 조절할 수 있다.	하나님이 내 인생을 책임져 주시기에 하나님께 순종하면서 점점 더 많은 것을 책임지는 삶을 살겠다.
과거	과거의 사건들이 현재의 내 행동을 결정한다(운명주의).	과거에 대한 생각과 그 영향에 대한 나의 해석을 재평가함으로써 과거의 영향을 극복할 수 있다.	하나님은 과거를 묻지 않으신다. 그러므로 현재를 새롭게 만나고 미래를 열어나가겠다.

자신 안에 있는 부정적인 자기대화, 자기묘사, 부정적 느낌과 행동의 순환고리를 찾아 긍정적인 순환고리로 바꾸어 봅시다. 예를 보며 연습해 보십시오.

<예>

내용	부정적 모습 찾기
부정적 자기대화	'에이 바보 넌 그것도 못 하니? 넌 맨날 그래'
부정적 자기묘사	'나는 바보인가 봐….'
부정적 느낌	자신이 가치 없게 느껴짐
부정적 행동	자신을 포기하기 때문에 함부로 행동함. (계획이나 목적 있는 삶을 회피한다.)

<부정적 자기 대화를 긍정적으로>

내용	부정적 대화	부정을 긍정으로
부정적 자기대화	'에이 바보 넌 그것도 못 하니? 넌 맨날 그래'	'인간이라면 누구나 실수할 수 있잖아. 그래도 잘하는 게 더 많아.'
부정적 자기묘사	'나는 바보인가 봐'	'무슨 소리야, 내가 얼마나 괜찮은 사람인데… 잘하는 것도 얼마나 많은데. 그래, 난 괜찮아.'
부정적 느낌	자신이 가치 없게 느껴짐	소망스러운 느낌. 다시 시작하고 싶은 마음.
부정적 행동	자신을 포기하기 때문에 함부로 행동함 (계획이나 목적 있는 삶을 회피한다).	새로운 계획과 목표를 향해 새롭게 시도한다.

<나의 경우>

내용	부정적 모습 찾기
부정적 자기대화	
부정적 자기묘사	
부정적 느낌	
부정적 행동	

<부정적 자기 대화를 긍정적으로>

내용	부정을 긍정으로
긍정적 자기대화	
긍정적 자기묘사	
긍정적 느낌	
긍정적 행동	

 이 과정에서 얻은 깨달음은 무엇입니까?

■ ■ ■ 3강의 목표와 내용은 다음과 같습니다.

목표: 내 안에 있는 비합리적 사고를 발견하여 합리적 사고와 성경적 사고로 바꾸는 연습을 통하여 하나님의 사람으로 살아갈 수 있는 자질과 능력을 키운다.

내용: 1. 감정과 사고의 관계
　　　2. 비합리적 사고
　　　3. 합리적 사고
　　　4. 비합리적 사고를 성경적 사고로

 3강을 공부하고 나서 깨달은 것이 있다면 무엇입니까? 또한 자신에 대한 새로운 발견은 무엇인지 나누어 봅시다.

4강 | 그리스도인의 정체성 확립하기

그리스도인의 정체성을 확립하여 하나님의 형상을
회복할 수 있도록 도전해본다.

4강 | 그리스도인의 정체성 확립하기

목표: 그리스도인의 정체성을 확립하여 하나님의 형상을 회복할 수 있도록 도전해본다.

1. 독특한 나로 살아가기

하나님께서는 우리 각자를 독특한 존재로 만드시고 고유의 삶을 살아가기를 원하십니다. 독특한 자기 자신으로 살아간다는 것은, 하나님이 내게 주신 생의 목적을 찾아 살아가는 것을 의미합니다. 사람이 진정 독특한 자기 자신으로 살려면 건강한 자아상이나 자존감이 있어야 합니다. 자아상은 내가 스스로 만드는 것이 아니라 중요한 타인이 내게 주는 평가와 피드백으로 이루어집니다. 인생은 스스로 나를 아는 것이 아니라, 나를 대하는 사람들의 태도나 말에 의해 자신을 알게 됩니다. 그래서 내가 알고 있는 나는 진정한 내가 아닙니다. 이 말은 대다수의 사람들이 잘못된 시각을 가지고 있다는 것입니다.

인간은 뱀의 유혹에 넘어가 선악과를 먹는 것[10]이 자신의 잠재력과 자기실현이라고 믿었습니다. 이 얼마나 어리석은 결정입니까? 뱀의 유혹에 넘어간 인간은 하나님의 형상이라는 자아상에 깊은 상처를 입고 자신이 사랑받을 수 없는 존재라는 패배적 자아상을 갖게 됩니다. 결국, 인간은 선악과를 따먹음으로 자신의 존재가 파괴된 인격이라는 사실에 직면하게 되었고, 그로 인하여 인류는 자신의 정체성 형성에 고통을 겪게 되었습니다.

이러한 이유로 인해 우리가 독특한 나로 살아가기 위해서는 나를 만드신 하나님께서 보시는 그 눈으로 나를 바라보는 것이 무엇보다 선행되어야 합니다. 즉 하나님이 부여하신 존엄한 가치대로 '자기'를 보고 느끼는 것이 일차 과정입니다. 이러한 인식을 하는 사람은 하나님께서 자신의 삶을 통해서 계시는 계획이 무엇인지 발견할 것이며, 그때 하나님이 자신에게 주신 무한한 잠재력과 가능성을 바라보고 자신을 개발해 나갈 수 있게 됩니다. 저는 이러한 자아상을 가지고 사는 마음을 '신적 자존감'이라 부릅니다. 원래 자존감이란 자기 존재에 대한 자부심을 의미합니다. 하지만 자기에 대한 인식을 자신에서 시작하는 것이 아니라, 하나님이 보시는 시각으로 자기를 보도록 한다는 의미에서 '신적'이라는 단어를 추가하여 사용하고자 하는 것입니다. 이런 점에서 현재 가지고 있는 자신의 자아상을 변화시키기 위해 하나님이 바라보시는 눈으로 바라보고 느끼는 작업은 필수불가결한 과정입니다.

여러분은 자신에 대하여 어떻게 인식하고 있습니까? 열등하고 못난 나로 보고 있는지요, 아니면 다른 사람보다 우월한 나로 인식하고 있는지요? 만약 우월한 자기로 보고 있는 것이 열등감에 대한 보상으로 그런 것이라면 이것도 건강한 자아상은 아닙니다. 있는 그대로의 나를 보더라도 괜찮아야 합니다. 하나님은 조건적으로 나를 보지 않으시기 때문입니다. 하나님께서는 나에 대하여(부족하든, 잘났든, 못

---

10) 뱀은 이브에게 '너 자신이 최고가 되며 창조주 하나님 없이도 너 스스로 살아갈 수 있는 존재가 되는 길이 선악과를 먹는 것'이라고 유혹하였다. 그 유혹이 얼마나 달콤하고 이브가 얼마나 그것을 갈망했는지 그가 선악과를 보는 순간 먹음직하고 보암직하고 지혜롭게 할 만큼 탐스럽게 보인 것이다(창 3:6). 즉 하나님께 의존하고 그 말씀을 신뢰하기보다 자신의 욕망대로 살아가는 것에 대한 상징적 표현이다.

났든 상관없이) 그 무엇과도 비교하지 않고, 사랑스러운 당신의 자녀로만 보십니다. 잘나고 못난 것은 하나님의 기준이 아니라 세상의 기준인 것입니다. 따라서 나도 모르게 가지고 있는 그릇된 기준을 벗어버리고, 무조건적인 사랑으로 나를 바라보시는 하나님의 눈을 내 마음에 받아들이고 느낄 수 있어야 합니다. 이런 눈으로 자기를 바라볼 수 있어야만 독특한 나를 존엄하게 대하며 당당한 삶을 살기 시작하는 것입니다. 이것이 가능할 때 다른 사람에 대해서도 조건이나 기준으로 보는 것이 아니라, 존엄한 하나님의 형상으로써 볼 수 있게 됩니다.

 윗글을 읽고 마음에 일어나는 느낌과 깨달음을 나눠봅시다.

 하나님의 눈으로 나를 본다는 것은 무엇을 의미하는지 본문의 내용을 보고 정리해 봅시다.

2. 나의 자원 발견하기

나는 하나님의 형상을 가진 존엄한 존재입니다. 이 말은 하나님께서 이 세상에 나를 보내실 때 많은 자원과 장점을 주셨다는 것을 의미합니다. 이제 나의 자원이 무엇인지 구체적으로 찾아보기 위해 다음과 같은 활동을 해 봅시다.

① 나에게 긍정적으로 영향을 준 사람들

<예>

대상	내용	의미 및 자원 발견
학교 선생님	· 점심시간에 자신의 도시락을 나와 함께 먹으며 나를 격려하고 사랑해줌 · "너는 어려운 가운데서 공부를 잘하는구나," "너는 훌륭한 아이야."라고 칭찬하심	나를 사랑해주는 분이 있구나 : 사랑
아내	· 결혼 후 14년간 한결같은 사랑으로 가정 경제를 책임져 줌	헌신에 대한 고마움 : 사랑
교인 및 직원들	· 나를 사랑하며 믿고 순종하며 나와 함께 해 주는 지체들 · 함께 의미 있는 사역을 위해 헌신함.	고마움과 보람, 비전의 삶을 함께 가는 기쁨 : 동역자
하나님	· 내 인생의 모든 것, 기반, 삶의 목적, 비전, 나의 영원한 사랑의 아버지	나의 모든 것 되시는 주님 : 전능하신 내 아버지

<나의 경우>

대상	내용	의미 및 자원 발견

② 간접적으로 감동이나 도움을 준 사람들은 내가 어떻게 살아가야 하는지 삶의 방향성에 도움을 준 사람들입니다. 어떤 분들이 있는지 찾아봅시다. 작은 생각이나 기억이라도 좋습니다. 누군가에게 들었던 기억도 당신의 자원이 될 수 있습니다.

<예>

역사 속의 인물	페스탈로치(사랑), 폴 투르니어(인격치료), 헨리 나웬(영성치료), 이순신(충성)
성경 속의 인물	다윗(하나님께 절대순종), 야곱(성화), 요셉(고난의 섭리), 바울(주님께 충성)
익명의 인물	강의와 설교를 기쁘게 들어준 분들(격려, 함께해줌)

<나의 경우>

③ 살아오면서 모델로 삼고 싶었던 사람이 있으면 누구인지 적어보십시오. 그들이 나에게 준 것이 있거나 내가 본받고 싶었고 좋아 보였던 것을 적어보십시오. 그런 것들이 바로 당신의 자원입니다. 앞에 있는 것과 중복되더라도 다시 더 적어보십시오.

<예>

영역	대상	내게 주거나 내가 본 모습(나의 자원)
가정	부모	내 삶의 영적, 정신적 자원
	아내	경제적인 뒷받침, 가사노동의 헌신, 마음껏 사역하도록 도와줌
선생님 (교수)	A선생님	한 길을 가는 학문적 순수, 열정
	B선생님	신학적 독창성, 흔들림 없는 삶의 태도
	C선생님	신앙과 학문적 순수성, 겸손
	D선생님	인간적 진솔, 교수로서의 품위와 태도, 강의 능력
목사님	A목사님	자신과 목회 사이에서 고뇌하는 목회자
	B목사님	순수한 열정, 비전, 행복한 목회
	C목사님	탁월한 가르침
	D목사님	자신의 달란트를 하나님을 위해 헌신하며 명성을 만들어감

<나의 경우>

영역	대상	내게 주거나 내가 본 모습(나의 자원)

④ 나의 장점 발견하기

하나님께서 아름다운 나를 이 세상에 보내시면서 주신 선물들은 어떤 것들이 있는지 기도하는 마음으로 작성해 봅시다. 혹시 다른 형제(자매)들의 발표내용이 나에게도 해당한다면 그것을 참조하여 기록하십시오.

⟨나의 좋은 점 기록하기⟩

- 나는 나를 좋아한다. 왜냐하면, 나는 _____ 하기 때문이다.
- 나는 나를 좋아한다. 왜냐하면, 나는 _____ 하기 때문이다.
- 나는 나를 좋아한다. 왜냐하면, 나는 _____ 하기 때문이다.
- 나는 나를 좋아한다. 왜냐하면, 나는 _____ 하기 때문이다.
- 나는 나를 좋아한다. 왜냐하면, 나는 _____ 하기 때문이다.
- 나는 나를 좋아한다. 왜냐하면, 나는 _____ 하기 때문이다.
- 나는 나를 좋아한다. 왜냐하면, 나는 _____ 하기 때문이다.
- 나는 나를 좋아한다. 왜냐하면, 나는 _____ 하기 때문이다.
- 나는 나를 좋아한다. 왜냐하면, 나는 _____ 하기 때문이다.
- 나는 나를 좋아한다. 왜냐하면, 나는 _____ 하기 때문이다.

⟨단점을 장점으로 바꾸기⟩

아래의 예에서 자신의 단점을 표시해 봅시다. 자신의 단점을 바꾸려 하기보다 아래와 같이 생각을 바꾸면 자신의 단점도 장점이 될 수 있습니다.

	내 용	표시
1	내성적인 사람은 상상력이 뛰어나며 생각을 진지하게 하는 편이다.	
2	고독을 사랑하는 사람은 인생에 대해 깊이 고민한다.	
3	말보다 행동이 앞서는 사람은 추진력이 있다.	
4	낯을 가리는 사람이 진실한 인간관계를 원한다.	
5	소극적인 사람은 남의 말을 먼저 들어준다.	
6	소심한 사람은 실수가 적은 편이다.	
7	어두운 사람일수록 깊고 진실한 사랑을 갈망한다.	
8	타인에 대한 질투는 자기를 발전시키는 계기가 된다.	
9	열등감이 있는 사람은 유능할 가능성이 있다.	
10	기분에 민감한 사람은 분위기 파악이 빠른 편이다.	
11	받은 만큼 꼭 보답하려는 사람은 신임을 얻을 수 있습니다.	
12	입이 가벼워도 좋은 소문을 퍼뜨리면 사람을 기쁘게 할 수 있다.	
13	승리욕이 강할수록 능력이 향상될 수 있다.	
14	외로움을 타는 만큼 진실한 사랑을 열망한다.	
15	덜렁거리는 성격일수록 스케일이 크고 대범할 가능성이 있다.	
16	나약해 보이는 사람에게는 먼저 말을 걸고 다가서기 편하다.	
17	싫증을 잘 내는 사람일수록 새로운 아이디어가 많을 수 있다.	
18	건망증이 심한 사람은 타인의 실수에 너그러울 수 있다.	
19	자기주장이 서툰 사람은 고집이 작을 수 있다.	
20	강박적인 사람은 자기 할 일은 꼼꼼하게 잘하려고 애쓴다.	

〈나의 자원 정리〉

앞에서 적은 모든 것들이 다 나의 자원이며 장점입니다. 그것을 다시 한번 정리해 보면서 그동안 모르고 살아왔던 삶을 뒤돌아보고 좋은 자원을 주신 하나님께 감사하며 앞으로 어떤 삶을 살아가야 할지 생각해보는 시간을 가지시길 바랍니다.

⟨나의 자원⟩

3. 나의 사명과 가치 발견하기

가장 귀한 삶은 하나님의 형상으로써 또 다른 영혼을 구원하는 하나님의 소명에 나를 드리는 것입니다. 이것은 자기 자신을 넘어서서 하나님과 다른 영혼을 위해 살아가고 싶은 헌신욕입니다. 하나님은 우리가 그 명령을 감당할 수 있도록 은사를 주셨습니다. 그뿐만 아니라 타락한 인생에 예수님으로 인한 영원한 용서를 선물로 주시며 성령의 임재도 허락하십니다.

인간이 얼마나 소중한 존재인지, 인간의 가치에 대해서 성경에서는 심히 귀한 존재, 예수님의 목숨과 바꾼 존재로 보고 있습니다. 이런 존재 의식이 가득한 사람은 자신의 잠재력과 자기실현을 통해 하나님의 구원에 감사하며, 모든 영혼을 사랑하라 하신 부르심에 내 생애를 드릴 수 있는 풍성함이 일어나는 것입니다. 이것이 믿음에의 헌신이요, 하나님께 나를 드리는 자기 초월입니다.

하나님은 우리 각자에게 놀라운 꿈을 주시고 우리를 이끌어 가십니다. 이 시간에 다른 사람과 비교하지 말고 주님이 주시는 은혜를 바라보면서, 내가 소명으로 느끼며 실현하고 싶은 것이 무엇인지 찾아봅시다. "하나님이 함께하지 않으면 실패할 수밖에 없는 큰 계획을 세우라."고 권면합니다. 당신의 미래를 바라보며 가장 크고 원대한 꿈을 생각하며 다음의 내용을 작성해 보십시오.

<예>

영역/대상	실현내용
지역교회	· 성도들이 자신의 삶, 가정, 직장, 교회 생활에 만족하도록 · 목회적으로 소망을 주는 하나의 모델을 제시하도록· · 비전 실현: "사람을 구원하고 전인을 치유하여 예수 제자로 인류구원에 헌신케 한다."
대학원	· 하나님께서 주신 나의 은사를 가지고 한국 교회에 기여하는 것 · 신학과 심리학을 통합한 각종 프로그램을 전수하여 전인적인 목회가 되도록 하는 것
학회 및 기관	· 사람들을 돕고 이끌 수 있는 인재를 길러내는 것 · 자기치유와 회복을 통해 이론과 실제가 통합된 섬기는 지도자 배출 · 한국교회섬김: 사람에 대한 진실한 사랑으로 교육하고 상담하며 치유하는 종합선교기관
상담소	· 협력적인 네트웍 형성하여 좀 더 효과적으로 섬기기

<나의 경우>

영역/대상	실현내용

4. 주님 의지함으로 좌절 극복하기

삶은 우리에게 많은 실패와 좌절을 안겨 줍니다. 좌절은 인간의 연약함으로 인해 생기기도 하며, 하나님을 의지하지 않고 내 뜻대로 살다가 발생하기도 합니다. 모든 사람은 실패와 좌절을 겪습니다. 그런데 좌절을 겪는 사람들은 하나님이나 사람, 환경 탓을 하면서 자기 삶을 포기하거나 다른 사람에게 피해를 주곤 합니다. 우리는 자신의 죄와 악을 덮고 외면하면서 깊은 좌절과 버려진 아픔, 상처를 경험하게 되는 것입니다. 이런 우리 인간의 모습에 대해 하나님께서는 크고 깊은 사랑으로 우리를 받아주시고 용서해주십니다.

하나님께서는 나를 그냥 보내신 것이 아니라 완벽한 계획을 가지고 이 땅에 보내셨습니다. 그분은 나를 창조하셨고, 나를 위해 십자가에서 대가를 지불하셨고, 앞으로 내가 범할 수 있는 죄에도 불구하고 나를 용납하시고 끝없는 사랑으로 품어주십니다. 따라서 좌절이 온다 해도 넉넉히 견딜만한 힘이 생기는 것은, 소망이 없어 보일 때에도 나를 여전히 붙들고 인도해 주실 하나님이 계시기 때문입니다. 이 사랑을 느낄 때 우리 마음 가운데서 쓴 뿌리와 버려진 아픔과 상처들이 치료되기 시작하는 것입니다.

그러므로 자기를 향해 실망하지 않고 하나님의 은혜에 의지하여 다시 삶의 존엄과 그 자존감을 회복해 갈 수 있습니다. 인생은 넘어지고 쓰러질 수밖에 없다는 사실을 받아들일 때 좌절은 더 이상 좌절이 아닙니다. 진정한 기독교적 성공은 자신의 잘난 것을 보여주는 것이 아니라 보배인 그리스도를 보여주는 것입니다. 우리는 질그릇 속에 담겨있는 보배이신 그리스도를 나타내는 삶으로 초대됩니다. 보배이신 예수님이 드러나기 위해 늘 질그릇은 깨어지고 부수어지는 것입니다.

따라서 삶이 좌절되었다고 느낄 때 우리가 해야 할 것은 자기를 향해 실망하지 않고, 하나님의 은혜에 의지하여 다시 삶의 존엄과 그 자존감을 회복해 가는 과정이 필요한 것입니다. 인간은 실패할 수밖에 없지만 하나님은 그러한 나를 여전히 수용해주시고 받아들이십니다. 이때 자신에 대한 실망이나 부족에도 불구하고 그 은혜로 인한 담력을 가지고 다시 일어서서 아름답게 살아갈 수 있을 것입니다.

예수님은 시몬 베드로를 처음 만났을 때 그를 보고 "장차 게바라 하리라"고 말씀하셨습니다. 게바는 반석, 거대한 돌이라는 뜻입니다. 그런데 베드로는 다혈질적인 사람이어서 때에 따라 감정이 변하는 사람으로 그 중심에 일관성이 없어 보입니다. 하지만 예수님은 그를 향하여 "나는 너를 반석이라 하리라"고 말씀하셨습니다. 예수님이 말씀하신 것은 반석이 당장 된다는 것이 아닙니다. 내가 너를 그렇게 만들어 갈 것이라는 약속과 비전의 말씀을 주시는 것입니다.

"내가 너의 창조주가 아니냐? 영원의 관점을 가지고 내가 너를 이끌어 가리라"고 말씀하십니다. 이것이 하나님의 가능성입니다. 예수님은 그렇게 우리를 바라보시며 이끄십니다. 그래서 성경은 이렇게 약속하고 있습니다.

"너희 안에서 착한 일을 시작하신 이가 그리스도 예수의 날까지 이루실 줄을 우리는 확신하노라"(빌 1:6)

"너희 안에서 행하시는 이는 하나님이시니 자기의 기쁘신 뜻을 위하여 너희에게 소원을 두고 행하게 하시나니"(빌 2:13)

진정한 나 자신이 되려면 늘 주님을 의존해야 합니다. 인생의 창조주가 하나님이시기 때문에 모든 능력, 힘, 자원, 에너지가 다 그분으로부터 흘러나오는 것입니다. 즉 하나님이 내 생애 목표요, 꿈이요, 비전일 때 우리의 인생은 가장 빛나고 복되며, 독특한 자신으로 빛을 발하게 됩니다.

 살아오는 동안에 힘들었던 경험을 나누고 그때 어떤 태도로 하나님을 대했는지 살펴보고 회개할 것이 있으면 회개하는 시간을 가집시다.

에베소서 1장 4절은 "곧 창세 전에 그리스도 안에서 우리를 택하사…"라고 말씀합니다. 예레미야 31장 3절은 "내가 영원한 사랑으로 너를 사랑하기에 인자함으로 너를 이끌었다"라고 말씀합니다. 이 말씀이 마음으로 믿어지십니까? 만약 그렇지 않다면 지금 이 순간 이 말씀이 나의 고백이 되게 해달라고 기도해 봅시다.

 이 강 전체를 공부하고 나서 깨달은 것이 있다면 무엇입니까? 또한 자신에 대한 새로운 발견은 무엇인지 나누어 봅시다.

■ ■ ■   4강의 목표와 내용은 다음과 같습니다.

목표: 다른 사람과 비교하지 않고 오직 하나님이 지으신 독특한 자신으로 살아갈 수 있도록 도전해본다.

내용: 1. 독특한 나로 살아가기
     2. 나의 자원 발견하기
     3. 나의 사명과 가치 발견하기
     4. 주님 의지함으로 좌절 극복하기

 전체 과정을 통하여 새롭게 깨달은 것이 무엇인지 나누어 봅시다. 그리고 멤버들에게 서로 지지하는 시간을 갖도록 합시다.

마치는 글

　세계적인 목회상담학자인 데이비드 시맨즈 박사는 크리스천들이 겪는 정서적인 문제로 두 가지를 이야기했는데, 저 역시 수천 명과 상담하면서 그와 동일한 결론에 이르게 되었습니다. 첫째로 사람들은 하나님의 무조건적인 은혜와 용서를 온전히 다 받아들이지 못하며 누리지 못하고 있다는 것입니다. 이것이 인간이 가진 가장 큰 아픔입니다. 두 번째는 하나님의 무조건적인 사랑과 용서와 은혜를 자신이 누리지 못하므로 다른 사람에게도 베풀 수 없는 것입니다. 그래서 사랑의 관계를 만들지 못하므로 이것이 인간관계의 아픔과 고통을 만들어 내게 됩니다.

　그렇습니다. 하나님께서 예수 그리스도를 통해서 은혜를 베푸셨지만, 이 은혜가 자신의 영혼 깊이 경험되고 누리지 못하는 것입니다. 또한 지속적으로 은혜는 임하지만 이를 나누지 못하고 베풀지 못해서 은혜가 타락해갑니다.

　서커스의 백미라면 공중 그네타기입니다. 보기에도 아찔한 장면이 등장합니다. 실제로 공중그네를 타는 사람이 얼마나 큰 공포를 느끼는지, 얼마나 큰 위험을 감수하는지 우리는 상상도 할 수 없을 것입니다. 공중 그네타기를 배우는 데는 순차적인 훈련 코스가 있다고 합니다. 처음부터 그네 타는 법이나 묘기부터 가르치지 않는다고 합니다. 가장 먼저 가르치는 것이 떨어지는 법입니다. 누구나 20m 높이에 올라가면 두려움이 생기게 마련입니다. 그래서 그네 아래 그물을 쳐놓고 떨어지는 훈련을 합니다. 며칠 떨어지다 보면, 떨어져도 안전하다는 확신이 생기고, 훈련을 거듭하다 보면, 오히려 떨어지는 것을 즐기는 단계까지 간다고 합니다. 그러면 바로 그때부터 묘기를 가르치고 연습한다는 것입니다. 그렇게 해야 '추락'이 아니라, '그네타기'에 집중할 수 있기 때문입니다.

담대함은 성공을 통해서 오는 것이 아닙니다. 실패를 통해서 옵니다. 실패해도 거절당하거나 배척받는 것이 아니라, 교훈과 배움을 얻으니 점점 성공으로 접근하게 됩니다. 그때 실패에 대해 담대해지는 것입니다. 그러므로 담대함은 고난을 통과한 성도에게 주어지는 선물입니다. 고난으로 인해서 둥지가 아닌 창공으로 날아오르는 업그레이드된 인생을 살게 됩니다. 고난으로 인해서 강력한 날개를 얻게 됩니다. 고난으로 인해서 두려워하는 마음에서 담대한 마음으로 변화됩니다.

성도의 삶의 궁극적인 목표는 하나님을 영화롭게 하며 영원토록 그를 즐거워하는 것이어야 합니다. 이것보다 앞서는 목표는 있을 수 없습니다. 이제 우리가 추구하는 가치는 절대적으로 하나님 중심의 가치여야 하며, 하나님 중심의 인격이어야 합니다. 훌륭한 인물들은 막대한 힘을 발휘합니다. 그들은 단순히 자신이 가진 힘을 행사하기만 하는 것이 아니라, 다른 이들에게 자신의 힘을 전달하고 새로운 힘을 창출하기까지 합니다. 그들이 이런 능력을 소유하게 된 것은 바로 고난을 극복했기에 가능했습니다.

인격적인 사람은 반드시 선한 결과를 낳습니다. 만약 우리의 삶이 하나님의 인격으로 가득 찬 삶이라면 그 삶은 "살아 있는 가르침"으로 하나님께 영광 돌리는 삶이 될 것입니다. 이 공부를 하신 여러분들이 이런 고귀한 인격을 소유하시기를 기원합니다.

♠ 저자 소개 / 심수명

　심수명박사는 한밀교회를 개척하여 상담목회를 적용하고 있는 상담전문가이며 신학과 심리학, 상담과 목회현장을 아우르는 학자이며 목회자로서 치유와 훈련, 목회를 마음에 품고 한 영혼의 전인적인 돌봄, 부부관계 회복, 비전있는 자녀교육, 건강한 교회 세움, 상담전문가 양성 등에 헌신해왔다. 아울러 "기독교상담적 관점에서 본 정신역동상담"이 문화체육관광부 우수학술도서로 선정되었고, [목회와 신학]에서 한국교회 명강사(상담분야)로 선정되는 등 한국 교회와 사회에 영향력을 끼쳐왔다.

　학력은 안양대학교와 총신대학교에서 신학(B.A., M.Div.), 고려대학교에서 상담심리학(M.Ed.)과 미국 풀러 신학대학원에서 목회상담학(D.Min.), 국제신대에서 상담학(Ph. D.) 학위를 취득하였다.

　상담 및 임상수련과정은 한국의 성장상담연구소, 상담문화원(인턴 및 레지던트), 미국의 Clinebell institute(상담 및 심리치료), Washington Tacoma & Pierce County(가족치료), Covenant Seminary & Medical Center(C.P.E.)에서 훈련받았다.

　상담자격으로 한국목회상담협회 감독, 한국복음주의기독교상담학회 감독상담사, (사)한국기독교상담 및 심리학회 수련감독, (사)한국가족상담협회 감독, (사)한국인격심리치료협회 감독으로 섬기고 있다.

　상담분야 경력으로는 여성부 정책자문위원, 한세대학교 상담대학원 외래교수, 국제신학대학원대학교 상담학교수, 총회중독상담대책위원회 연구교수, 미국 풀러신학대학원 상담분야 논문지도교수로 활동하였다.

　대표 저서로 상담목회, 인격치유와 성숙, 정신역동상담, 한국적이마고부부치료, 그래도 삶은 소중합니다, 위대한 부모 위대한 자녀 등을 출간하였고, 그 밖에 50여 권의 저서와 30여 편의 학술 논문 등이 있다.

　현재는 칼빈대학교 대학원 석좌교수, (사)한국상담학회 교정상담학회 고문, 한기총 다세움상담아카데미 원장, (사)한국인격심리치료협회 협회장, 예장합동 남서울노회 증경노회장, 한밀기독학교(서울시교육청등록 대안교육기관) 이사장으로 사역하고 있다.

하나님의 형상으로 지음 받은 나
거절감치료

2007년 6월 10일 초판 1쇄 발행
2014년 3월 17일 개정1판 3쇄 발행
2025년 5월 15일 개정1판 4쇄 발행

저　자 | 심수명
발행인 | 김경자
발행처 | 도서출판 다세움
주　소 | 서울시 강서구 수명로 68-11
전　화 | 02-2601-7423
팩　스 | 02-2665-7588
홈페이지 | www.daseum.org

총　판 | 비전북
주　소 | 경기도 파주시 월롱산로 64
전　화 | 031-905-3927
정　가 | 6,000원

ISBN | 978-89-957133-9-6